KB120983

엄마들의 힘!

맘's 파워

엄마들의 힘!
맘's 파워

초판 1쇄 인쇄일 2013년 12월 9일
초판 1쇄 발행일 2013년 12월 13일

지은이 정혜진
펴낸이 양옥매
디자인 오현숙
교정 조준경

펴낸곳 도서출판 책과나무
출판등록 제2012-000376
주소 서울특별시 마포구 월드컵북로 44길 37 천지빌딩 3층
대표전화 02.372.1537 **팩스** 02.372.1538
이메일 booknamu2007@naver.com
홈페이지 www.booknamu.com
ISBN 978-89-98528-81-2(03370)

이 도서의 국립중앙도서관 출판시도서목록(CIP)은 서지정보유통지원 시스템
홈페이지(http://seoji.nl.go.kr)와 국가자료공동목록시스템
(http://www.nl.go.kr/kolisnet)에서 이용하실 수 있습니다.
(CIP제어번호 : CIP2013026526)

엄마들의 힘!

맘's 파워

MOMS POWER

정혜진 지음

책과나무

아이가 미래다? 교육이 미래다? 엄마가 미래다!

우리는 흔히 "아이가 미래다" "교육이 미래다"라는 이야기를 많이 합니다. 사람이 있어야 미래도 있을 것이고, 그 사람을 제대로 교육해야 더 발전하는 미래가 되기 때문입니다.

그런데 이 말에 몇 가지 추가 할 것이 있습니다. "현재가 미래다" "엄마가 미래다" "역사가 미래다"라고 말입니다. 현재가 없으면 과거도 물론이고 미래도 없기 때문입니다.

"아이들이 미래다"라는 말에는 아이들을 낳아 기르는 건 현재를 살고 있는 엄마와 아빠 즉, 부모입니다, "교육이 미래"라는 말역시 아이들을 교육하는 현재의 선생님 혹은 부모님의 역할이 얼마나 중요한지 담겨 있습니다.

현재를 살고 있는 사람들이 제대로 배워서 제대로 가르치지 않는다면, 우리의 미래는 과연 어떻게 될까요?

현재의 우리를 돌아보면 학교에선 학교폭력과 왕따 등이 문제되고 국가적으로 보면 범죄자들의 증가 그리고 지극한 개인주의 등이 문제 되고 있습니다. 현 정치인들의 비리가 빈번히 일어나고 한 회사의 CEO가 저지른 비리가 뉴스의 헤드라인에 자주 올라오고 있는 세상입니다.

현재를 살아가고 있는 우리가 이러한 상황인데 아이들이 어떤 모습을 배워 나갈까요? 아이들은 모방을 좋아한다는데 대체 어떤 모습을 모방할까요? 바로 지금 우리의 모습일 겁니다.

　우리는 흔히 아이들이 성인이 되어 사는 세상은 지금보다 좋을 거라 생각 합니다. 문명은 더욱더 발전하고 선진화될 것이라 생각 하며 덩달아 아이들이 살아가는 미래는 더 좋을 꺼라 생각합니다.

　그러나 실질적으로 그들이 살아가는 미래가 그리 희망적이진 않을 것 같습니다. 범죄율은 더 증가할 것이고, 더 개인적, 더 자기중심적인 사회가 되어 흔히 우리가 이야기하는 '정'이란 것은 느낄 수 없는 사회가 될 것입니다. 지금 우리가 아이들을 교육하고 있는 방법이라면 우리 아이들이 살아갈 미래는 어둡기만 합니다.

　이 책을 통해 앞으로 우리가 어떻게 해야 할 것인가를 한번 생각해 보는 계기가 되었으면 합니다.

　우리 아이들이 사는 미래가 즐겁고, 희망적이고, 행복하고, 따뜻해지려면 지금 우리가 무엇을 해야 하는지 심각하게 고민하고 실천해 바꾸어 나가는 맘'S 파워를 보여주셨으면 합니다.

　'누군가가 바뀌면 바뀌겠지'가 아니라 '지금 당신이' '지금 내가 바뀌어야 미래가 세상이 바뀐다'는 걸 잊지 말고 다른 사람이 아닌 나부터 시작하는 계기가 되었으면 좋겠습니다.

　아이들이 미래에 자신의 꿈을 펼치며 즐겁게 생활하는 모습을 상상하며, 이 세상의 아이들이 다 내 아이라는 생각으로 우리가 배워야 할 것이 무엇인지, 또 걱정해야 할 것이 무엇인지, 진지하게 생각해 보았으면 합니다. 그리고 밝은 미래 세대를 위해 우리가 바꾸어야 할 점을 깨닫고, 작은 것 하나부터 실천하며 적극적으로 바꾸어 나가길 진심으로 바라는 바입니다.

　우리 아이들이 행복하도록 시작합시다. 맘'S 파워!

차례

2장 과거, 현재, 그리고 미래

엄마들을 생각하면 실로 대단합니다.
엄마라는 이름 이외에 며느리이자 딸이며 누군가에게는 동생도 되고
또 다른 누군가에게는 누나나 언니도 되는, 여러 가지 이름을 갖고 살아가는 엄마들……
엄마라는 이름을 갖게 되는 여정을 이야기 해 보려 합니다.

1장

육아 그리고 미래

* * *

엄마들을 생각하면 실로 대단합니다. 집에서 육아와 가사 일을 할 뿐만 아니라 직장 일까지 하는 직장 맘도 있고, 엄마라는 이름 이외에 며느리이자 딸이며 누군가에게는 동생도 되고 또 다른 누군가에게는 누나나 언니도 되는, 여러 가지 이름을 갖고 있습니다.

여자들에게는 남자들은 잘 모르는 섬세함이 있어, 이 많은 일을 모두 잘 하려고 하지요. 그리고 실제로도 잘 해내고 있습니다. 엄마로서 아이를 잘 키워내고, 며느리로서 시댁에 잘하기 위해 노력하고, 한 사람의 아내로서 남편을 내조합니다. 딸 노릇에, 누나나 언니로서 그 역할 또한 잘 하려니⋯⋯. 시간이 부족해도 너무 부족합니다. 그리다 문득 조금 다른 일이라도 하려고 치면 잠자는 시간을 줄여야만 가능합니다. 이처럼 이 땅의 '엄마'들은 실로 대단한 파워를 보여주며 살아가고 있습니다.

그런데, 우리가 정말로 맘's 파워를 보여주어야 할 것이 있습니다. 바로 아이들입니다.

"하나님께서 이 세상의 모든 아이를 봐 줄 수 없기 때문에 어머니란 선물을 내려주었다"라는 말이 있습니다. 아이를 키우기 위해선 실로 손도 많이 가고 힘이 들기에 어머니란 존재로 아이를 보살피도록 한 것 입니다. 어찌보면 하나님이 하는 일을 대신하는 것이 어머니라는 존재라 생각 됩니다. 맘's 파워, 정말 대단하지 않습니까?

이 땅의 모든 엄마들은 스스로 자긍심을 가지고 아이를 키워 나가면서 진정한 맘's 파워를 보여주어야 할 것입니다. 그렇다면 어떠한 방법으로 엄마들의 힘을 보여줄 수 있을까요?

지금부터 그 이야기를 하려고 합니다.

먼저, 태교 · 임신 · 출산 · 육아 전반에 관한 이야기를 엄마들과 공유하고 공감하며 이 시대의 문제점을 화두에 올리고자 합니다.

맘'S 파워! 우리 모두 보여줍시다. 우리 아이들을 위해, 밝은 미래를 위해, 세상이 변할 때까지…….

하늘이
내려준 선물

임신을 미루면 안되는 이유

임신은 하늘이 내려준 선물입니다. 삼신할머니께서 점지해 주신 깊은 뜻이자, 하나님이 내려 보낸 소중한 보물이자, 저 멀리서 펠리칸이 물어다 준 고귀한 선물보따리입니다.

그런데 요즘에는 많은 부부가 신혼을 즐기기 위해서 혹은 금전적 상황 등 여러 가지 이유로 임신을 미루고자 피임을 합니다. 이토록 귀한 선물을 애써 외면하며 마다하고 있는 것이지요.

하지만 임신은 자신이 원할 때 마음대로 할 수 있는 것이 아닙니다. 피임을 오래한 사람 중 불임인 경우가 많이 발생하고 있고, 오늘날 환경오염과 환경호르몬 등으로 불임이 증가하고 있기 때문입니다. 따라서 아이를 출산할 계획이 있다면, 피임약을 복용하지 않는 것이 좋습니다.

그리고 한 살이라도 어린 나이에 아이를 낳는 것이 아이와 엄마 모두에게 긍정적인 영향을 끼칩니다. 이는 과학적인 연구 결과를 통해 입증된 것으로, 엄마의 나이가 어릴수록 자신의 신체에 미치는 부담이나 회복 능력뿐만 아니라 아이의 지능에도 영향을 미칩니다. 노산의 경우, 검사 항목도 복잡할 뿐만 아니라, 기형아 출산율이 높다는 연구 결과는 이미 주변에서 많이 접하고 들어서 우리 모두가 익숙할 거라 생각됩니다.

출산 뿐 아니라 육아 또한 한 살이라도 어린 나이에 하는 것이 나이 들어 하는 것 보다 덜 힘들게 느끼고 체력소모가 적습니다. 게다가 아이의 입장에서도 젊은 엄마가 더 좋은 것은 당연하겠지요? 아이의 학교에 볼일이 있어 들렀다가, 아이가 자신의 친구에게서 "엄마야, 할머니야?"라는 소리를 들어야 할지도 모릅니다. 실제로 주변에서 이러한 상황이 발생하여 엄마와 아이 둘 다에게 상처가 된 경우를 종종 볼 수 있습니다.

물론 신혼도 중요하지만, 신혼의 즐거움을 누리고자 2세를 늦게 낳는 과오를 저질러서는 안 됩니다. 언제든 마음만 먹으면 임신을 할 수 있을 거라는 착각에 빠지지 말아야 할 것입니다.

27살 결혼하여 신혼을 길게 가지려고 아이 출산을 미뤄온 우리 부부. 아이는 마음만 먹으면 생길 거라는 오만한 착각에 빠져 29살이 되도록 임신을 미룬 채 친구를 만나고 여기 저기 놀러 다니며 삶을 즐겼습니다. 저의 오만함을 그때는 왜 몰랐을까요? '결혼이 지옥이다' '결혼은 무덤이다'란 말들은 이해되지 않았고, 이렇게 좋고 재미있는 결혼을 왜 안하냐며 주변에 결혼 전도사 역할을 하고 다닐 정도였습니다. 신혼이 길었지만 즐거웠기에, 길다는 생각도 없이 오히려 가능하면 더 길게 즐기고 싶었습니다.

그러던 어느 날 직장에서 거의 일어나지 못할 정도의 고통이 찾아왔습니다. '혹시 맹장인가?' 하는 생각이 들어 급히 병원을 찾았더니 바로 큰 병원으로 가보라고 하였습니다. 맹장은 아닌데 검사를 해 보아야 할 것 같다는 의사선생님의 말을 듣는 순간, 머릿속에는 온갖 병명이 가득 차 헤집고 다녔습니다. 걱정스러운 마음으로 가슴 졸이며 큰 병원으로 향하는 내내 '혹시 암인 건 아닐까?' 하는 생각에 온 세상이 무너지는 듯한 느낌이 들었습니다.

　집 근처 종합병원에 도착해 외과에서 내과로, 내과에서 다시 산부인과로 갔고, 그곳에서 초음파 등의 진료를 받게 되었습니다. 그리고 듣게 된 최종 병명은 '다낭성 난포 증후군'. 다낭성 난포 증후군이란 골반염, 즉 골반 내의 염증이 심해져 복강 내에 고름이 차고 염증이 생기는 현상입니다. 그런데 병명이 확인된 것 보다 산부인과 선생님의 이어지는 말이 더 충격이었습니다.

　'다낭성 난포 증후군'으로 호르몬이 원활하지 못해 배란이 정상적으로 이뤄지지 않고 체내에서 포도 알갱이처럼 떠돌다 포도송이처럼 쌓이게 되며, 무리한 일, 스트레스 등으로 인해 낭포들이 염증을 유발하여 나팔관과 안쪽에 고름과 물이 차, 열과 몸살 복통 등을 일으킨다는 설명과 더불어 지속될 경우 '불임'이 될 수 있다는 이야기였습니다.

　염증은 2~3주 치료로 호전되나 '불임'이 될 수도 있다는 것은 충격 그 자체였습니다. 아주 큰 망치로 머리를 세게 두들겨 맞은 기분이었습니다. "불임이 될 수도 있다고?" 아이는 원할 때 가지면 된다고 생각하며 살았던 나의 자만과 오만이 후회되며, 영원히 아이를 가질 수 없을지도 모른다는 불안감과 함께 신랑과 시댁에 대한 죄송스러운 마음에 몇 날 몇 일 하염없이 눈물 흘렸습니다.

시간이 흘러 그때를 회상하면 지금도 좀 마음이 무겁습니다. '불임'이란 두 글자가 주는 압박과 무게감은 상상 그 이상이었습니다. 시술이나 인공수정과 같은 대안책이 있음에도 불구하고, '입양을 할 것인가? 둘이 살 것인가? 그래도 신랑이 아이를 원할 경우 이혼을 해야 하는 것인가?'를 고민했습니다.

무거운 마음보다 어두운 미래가 더 힘들었던 그때, 아이를 무척 좋아하는 내가 내 아이를 갖지 못한다는 충격과 좌절감은 그 어떤 말로도 표현할 수 없을 만큼 컸습니다

그때 신랑이 다가와 "아이가 없어도 괜찮다. 둘이 잘 살면 된다."라고 하며 절 달래기 시작했고 "치료부터 열심히 받자"는 신랑의 반복적인 설득으로 저는 열심히 치료를 받아 염증은 금방 가라앉았습니다.

다낭성 난포 증후군의 치료 방법은 꾸준한 피임약 복용으로 호르몬 수치를 규칙적으로 맞춰주는 것이 중요 하다고 하여 피임약을 복용하였는데, 원래 알레르기 체질이어서 그런지 부작용이 심했습니다. 피임약의 호르몬 성분이 치료도 되지만 과도한 호르몬양은 오히려 저에게 부종과 두통, 무기력증, 잠이 오는 등의 부작용이 나타나, 거의 하루 종일 잠만 자는 생활을 하게 되었습니다.

정상적인 생활을 할 수 없어 피임약을 중단하고 아무 기대 없이 지내던 중, 임신이라는 선물이 도착했습니다. 때마침 크리스마스가 다가오고 있어서 마치 크리스마스 선물을 받은 기분이었습니다.

불임이 될 수 있다는 소리를 듣고 난 후의 임신 소식이여서 더 기쁘고, 더 행복했습니다. 뱃속의 아기에 대한 고마움, 아이를 낳을 수 있다는 기쁨, 자식이 생긴다는 감사함은 이 세상 그 누구도 부럽지 않고, 이 세상 모든 것을 다 가진 것 같은 느낌 이였습니다.

혹시 피임 중인 신혼부부가 있다면, 하루 빨리 아이 갖기를 권하고 싶습니다. 결혼을 하시고 앞으로 임신을 할 계획이 있으시다면, 피임하지 말 것을 당부 드립니다. 아이는 내가 원할 때 생기는 것이 아니라, 신이 내려주신 축복이라는 것을 잊지 마셔야 합니다.

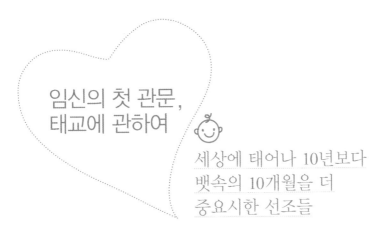

임신의 첫 관문, 태교에 관하여

세상에 태어나 10년보다
뱃속의 10개월을 더
중요시한 선조들

임신을 한 많은 예비엄마들이 태교에 대해 중요하게 생각하며 여러 가지 태교를 하고 있습니다. 그러나 아직도 우리 주변에는 태교의 중요성을 간과하는 모습도 보입니다.

'태교'의 사전적 의미는 '아이를 밴 여자가 태아에 좋은 영향을 주기 위하여 마음을 바르게 하고 언행을 삼가 하는 일'입니다. 태교의 중요성에 대해서는 이미 조선왕조실록에도 등재되어 있으며, 세종대왕은 책을 편찬하여 태교의 중요성을 천하에 알리기도 했습니다.

우리나라 속설에서도 태교에 관한 이야기가 많이 나옵니다. 임신 중에는 예쁜 것만 먹어야 한다는 설도 있고, 임신 중 먹고 싶은 것을 참으면 짝눈이 된다는 설도 있으며, 임신 중 손가락을 많이 움직이면 아이의 두뇌에 영향을 준다는 설도 있습니다.

실제로 손가락을 많이 움직이면 치매 예방에 도움이 된다고 하여 어르신들도 손가락을 많이 움직이라고 권하고 있습니다.

태교의 시초는 아주 오래전으로 거슬러 올라갑니다. 아마 태아를 하나의 생명체로 인정한 최초의 나라가 우리나라가 아닐까합니다. 세계 태교의 시작은 해수모라는 설이 있습니다. 단군으로 등극 후 '공양태모지법'을 선포하여 태교를 시행하게 했다는 기록이 〈북부여기〉에 나옵니다. 우리 선조들은 태아가 태중에 있을 때도 기억을 하며, 느끼고 들을 수 있다고 생각하여, 태중 아이와 교감하고 교육하였습니다. 1801년 사주당 이씨가 쓴 최초의 태교 일기 〈태교 신기〉에는 우리 선조들의 태교방법이 나와 있습니다.

지금이야 태교 일기가 흔하고 태교의 방법도 여러 가지지만, 그 당시만 해도 '부녀자'라는 이유 하나로 문 밖 출입이 자유스럽지 못할 때였기 때문에 태교 일기에 대한 생각을 하고 기록을 했다는 것 차체가 많이 놀랍습니다. 〈태교신기〉에는 "태어 난 후 스승에게 10년 배우기보다 태중 10개월이 중요하다"고 되어 있습니다. 또한 엄마는 언행과 행동을 정갈히 해야 하며, 태교는 여자 혼자만의 몫이 아니라 남자도 동참하여 잉태한 중에는 금욕하도록 하였습니다.

태중의 아이가 태동을 통해 모든 것을 느낄 수 있고 들을 수 있다하여 큰소리를 내지 않고 뛰지 않았으며, 자극적인 음식도 피하고 예쁜 음식만 먹었습니다. 좋은 생각으로 몸과 마음을 다스리는 일이 태교였던 것이지요. 이는 온 집안이 함께해야 가능한 일이었고, 특히 아버지의 역할을 강조하였습니다.

사주당 이씨는 〈태교신기〉 제4장 14절에서 '혈맥이 이어져 있어 호흡을 따라서 움직이는데, 기뻐하며 성내는 것이 자식의 성품이 되고 보고 듣는 것이 자식의 기운이 되며, 마시며 먹는 것이 자식의 살이 되나니 어머니 된 자가 어찌 삼가지 않으리오'라고 하였습니다. 한마디로 어미의 모든 것이 아이에게 간다는 생각으로 아이에게 이로운 일과 본이 되는 바른 자세·바른 행동·바른 식습관을 중시했고, 아이를 잉태한 어미뿐 아니라 아버지에게도 동일하게 적용하였습니다.

또 다른 문헌에서도 태교에 대한 기록을 찾아볼 수 있습니다. 바로 궁중의 왕후 태교입니다. 〈조선왕조실록〉에는 먹는 것에서부터 입는 것, 말하는 것, 행동하는 것에 대해 나와 있고, 세종대왕은 1434년(세종16년) 의사 노중례로 하여금 포태시의 교양법과 영아 보호 육성법을 구체적으로 기록한 〈태산요록〉이라는 책을 편찬해 배포하였습니다. 중국의 의서를 토대로 태교 법을 설명한 이 책에는 "임신한 후 몇 달 동안은 그야말로 걸음을 걸을 때나 앉을 때나 단정하고 엄숙해야하며, 현악기를 타 심신을 조율하며 좋아하는 것을 절제한다면 낳은 자식이 모두 어질고 장수할 것이며 충성스럽고 효성스럽고 질병도 없고……"라고 나와 있습니다.

또 황실의 태교 관련 서적에는 "왕실에서 임신하면 궁정악사들을 처소 가까이 두어 가야금이나 거문고를 듣게 하였다"는 구절이 있고 "좋은 소리 '금', '슬' 같은 현악기를 가까이 하라. 좋은 소리를 듣고 감화하는 것이 태교의 요체"라고 되어 있습니다.

우리 선조뿐 아니라 서구에서도 아주 오래전부터 태교를 중시 여겼습니다. 특히 왕자의 탄생은 10개월의 임신기간 동안 왕실의 보호와 통제 아래 철저한 태교와 건강관리를 통해 엄격하게 이루어졌다고 합니다.

이렇게 우리 선조들은 태교를 중시 하였습니다. 태교는 과학 발달이 덜 되었던 그때에도 중요하게 여겼던 부분 입니다. 현재 과학으로 태교의 중요성이 많이 입증되고 있습니다.

태교의 중요성을 이루어 다 말할 수는 없을 겁니다. 물론 옛날 선조들 혹은 궁에서 했던 태교를 그대로 하라고 하면 못할 겁니다. 시대도 많이 변했거니와 생각과 여러 가지 조건이 달라졌으며 좋은 방법도 많이 개발되고 있기 때문입니다.

엄마가
되는 길

태교에 좋은 음식과 나쁜 음식

옛 우리 선조들과 동일한 생각이 있습니다. 바로 임신한 사람은 바른 음식을 먹고, 좋은 생각을 하며, 올바른 행동을 해야 한다는 것입니다.

지금은 한겨울에도 수박이 나오고 한여름에도 딸기가 나오는 등 계절을 잊은 과일들이 수두룩하며, 온갖 인스턴트식품과 수많은 외식업들이 성행하는 21세기입니다. 이러한 상황 속에서 좋은 음식은 무농약 과일·채소와 무첨가제 음식일 것이고, 더불어 예쁜 음식들만 먹으면 좋겠지만 그렇게 하기란 여간 어려운 것이 아니기에 적어도 절대로 먹지 말아야 할 것은 지켜야 합니다.

그 대표적인 예가 바로 중독성이 강하여 끊기 어렵다는 '술'과 '담배'입니다. 알코올은 인간의 정상인의 뇌도 파괴할 정도의 위력을 지녔습니다. 담배 또한 마찬가지입니다. 더불어 암을 유발하는 발암물질이 포함되어 있습니다. 좋은 것을 못 먹는다 하더라도, 적어도 발암물질을 포함하고 있는 술과 담배는 절대로 먹지 말아야 합니다. 그럼에도 불구하고 현재 산모들 중 일부분은 절제하지 않고 있는 실정입니다.

'임신 중 맥주 한 잔은 괜찮다'라고 생각하지만 한 잔의 알코올이라도 연약한 뱃속의 아이에게는 치명적일 수 있습니다. 또 간접흡연 일지라도 체내에 니코틴이 축적됩니다. 아빠가 밖에서 담배를 피우고 담배 냄새를 털고 손도 씻고 양치를 한 후에 아기를 만졌다고 하더라도, 그 아이를 검사한 결과 체내에 니코틴이 검출되었다는 연구 결과도 있습니다.

담배와 술은 기형아 출산의 요인입니다. 신체 구조를 기형적으로 변하게 하는 물질인데, 하물며 아이의 뇌에 미치는 영향은 어떠하겠습니까?

어른들은 흔히 '임산부는 예쁜 과일만 먹어야 한다'라는 이야기를 합니다. 이 속설이 주는 암시는 몸에 이로운 것만 먹어야 한다는 것이고, 그중에도 단연 예쁘고 반듯한 것을 먹어야 아이가 예쁘게 태어난다는 뜻일 겁니다. 또 '임신 중에 먹고 싶은 걸 먹지 않으면 짝눈이 된다'란 이야기도 있습니다. 먹고 싶은 걸 참는 것만으로도 스트레스일 수 있으며 엄마가 먹고 싶은 것은 아이 생성에 필요해 입에서 당기는 것이기 때문에 꼭 섭취해야 한다는 주장도 있습니다.

그런데 '한 잔은 괜찮다!'란 속설은 어떻게 생각하시는지요? 그리고 담배는요? "아이가 우리의 미래다"라고 외치면서 미래인 우리 아이가 태어나기도 전에 나쁜 영향을 주는 건 아닌지 생각해 보아야 할 것입니다.

술과 담배 이외에도 임신 중에 조심해야 할 음식이 몇 가지 있습니다. 먼저 팥은 자궁을 수축하게 하는 요인이 있어서 임신초기에 정말 주의해야 할 음식이며, 녹두는 몸을 차게 하는 성분이 있어 좋지 않습니다. 율무는 지방을 분해하는 성분이 있어 태아의 발육에 좋지 않은 영향을 끼칠 수 있으므로 피하고, 설탕은 체내에 칼슘이 섭취되는 것을 방해하기 때문에 자제하여야 합니다.

또한 익지 않은 음식은 감염의 위험이 있으므로 먹지 말아야 하고, 맵고 짠 음식은 아토피를 유발할 수 있으므로 음식을 만드는데 항상 주의를 기울여야 합니다. 카페인은 칼슘을 배출하게 만들어 태아의 뼈 생성을 방해하고 임신으로 인해 약해진 산모의 관절을 상하게 하므로 최대한 자제해야 합니다.

주스나 색깔우유 또한 주의해야 할 음식입니다. 일반적으로 커피를 못 마시기 때문에 이 같은 음료를 마시는 산모가 많은데, 주스에 들어 있는 인공 향신료와 방부제, 첨가제 등이 화학반응을 일으켜 좋지 않은 영향을 줍니다. 그러므로 뱃속의 아이를 위해서라도 좀 멀리 하시는 것이 좋지 않을까 합니다.

또한 산이 많은 파인애플도 피해야 합니다. 예전에는 파인애플의 심지 부분을 이용하여 유산을 하도록 유도하는 약을 만들었다고 합니다. 그러니 두말할 필요 없겠죠!

그렇다면 임신을 했을 때 이로운 음식과 조리법에는 어떤 것이 있을까요? 먼저, 검정콩과 잡곡, 부추를 많이 먹는 것이 좋습니다. 콩과 잡곡은 아이 발육에 필요한 많은 영양분을 주고, 부추는 체내의 독소를 배출하는데 도움을 주기 때문입니다.

가지에는 안토시아닌이 다량 함유되어 있어 노폐물 처리 과정에서 발생하는 산화 스트레스 제거에 도움을 주고, 콩에는 여성호르몬이 많이 함유되어 있어 특히 임신한 여성에게 좋습니다. 임신하였을 때는 주로 싱싱한 야채나 과일을 생식 하는 것이 좋은 방법입니다. 칼슘과 철분이 많이 들어있는 우유는 두말할 필요도 없이 다들 많이 섭취하고 계시죠. 우유를 드시지 못하는 분들은 콩으로 만든 두유로 대체 하셔도 좋습니다. 두유에는 여성호르몬에 좋은 성분도 있으니 우유를 못드신다면 두유로 대체해서 하루 한잔 은 꼭 섭취 하도록 하셔야 합니다.

또한 토마토 같은 과일은 비타민이 풍부하며 연근에는 철분이 풍부하게 들어있다고 합니다. 미역과 같은 해초류에는 독성을 배출시켜주는 효과가 있고 피를 맑게 해주는 효능이 있다고 하니 자주 드시는 것이 좋습니다.

과일은 농약과 같은 불순물이 씻겨 내려가도록 소금물에 5분 정도 담가 놓았다가 흐르는 물에 깨끗이 씻어 먹도록 합니다. 임산부가 먹는 모든 음식은 깨끗이 씻어 먹는것이 아주 중요합니다.

가끔 정말 라면 같은 면 종류 혹은 햄 종류가 먹고 싶을 때가 있습니다. 이럴 때는 라면은 면만 삶아 낸 후 스프를 사용하지 않고 물에 간장, 고춧가루, 멸치, 다시마, 마늘, 파를 넣어 소금으로 간을 맞추어 끓여 먹습니다. 또 햄은 끓는 물에 한번 데쳐 먹으면 염분과 칼로리가 줄어듭니다. 그래서 꼭 끓는 물에 데친 후 섭취하는 것이 좋습니다.

고기도 삼겹살보다는 수육이 체내에 지방흡수를 저하시켜 영양은 높지만 칼로리는 삼겹살 보다 낮아서 임신 중 산모의 비만을 조금 낮춰 줄 수 있습니다. 또 고기를 섭취할 때는 과일과 함께 섭취하면 지방 흡수율이 낮아진다고 합니다.

임신한 여자를 보고 흔히들 '홑몸이 아니다'라고 합니다. 엄마는 혼자의 몸이 아닙니다. 아직은 완전체가 아니지만 언젠가는 완전체가 되어 세상에 태어나 미래를 빛낼 주역이 될 '생명의 씨앗'을 뱃속에 품고 있기 때문입니다. 그렇기에 혼자의 몸일 때보다 조심해야 할 부분이 많은 것입니다. 엄마가 되는 길 간단히 생각할 일은 아닙니다.

우여곡절 끝에 첫아이를 임신한 저에게 뱃속의 아이는 그 누구보다도 소중한 존재였습니다. 기적과 같은 임신.... 그날 이후로 저는 태교에 매진하게 되었습니다.

자궁이 약한 편이었던 저는 임신 중 먹지 말라는 것은 안 먹었습니다. 혹시 제 불찰로 어렵게 가진 소중한 아이를 놓칠 수 있다고 생각했기 때문입니다.

부추와 검정콩, 토마토는 임산부에게 좋을 뿐만 아니라 개인적으로도 워낙 좋아해서 주로 많이 섭취하였습니다. 그리고 되도록 깨끗하게 씻어 먹으려고 노력했습니다. 또 고기가 먹고 싶을 땐 과일과 쌈을 함께 먹어, 지방 흡수를 최소화하였습니다. 의외로 삼겹살 과일 쌈은 맛이 좋았습니다.

시골에 본가가 있는 저희는 본가에서 직접 기른 신선한 쌀과 야채를 보내주시기 때문에 시중에서 사는 것보다 안전한 먹을거리를 섭취할 수 있었습니다. 그래서인지 제 아이는 태어났을 때 별명이 '뽀샤시 아가'였습니다. 이목구비가 뚜렷하고 외할아버지와 꼭 닮아 사랑을 온몸에 받은 아들은 신생아실에서 손을 타 퇴원 후 집에 와 고생을 하였습니다.

또 태중에 있을 때 담백하게 먹고 단것을 먹지 않아서인지, 다른 아이들과는 달리 단 음식을 별로 좋아하지 않고 군것질을 거의 하지 않습니다. 건조 멸치를 좋아해 가끔 볶지 않은 멸치가 상에 오르기도 하고, 김치도 무척 잘 먹어 한 끼니라도 상에 김치가 오르지 않는 날이 없습니다. 순댓국과 된장찌개를 좋아하며, 빵은 잘 먹지 않는 아들을 볼 때면 '입맛 하나는 토종이구나' 싶어 다행이다 생각됩니다. 하지만 때론 '아무거나 좀 먹지…….' 싶기도 합니다.

인스턴트 음식을 싫어하는 아들은 콜라가 맵답니다. 탄산이 입에 들어가면서 톡톡 쏘이는 맛에 맵다고 합니다. 사이다 역시 마찬가지이고요. 느끼한 마요네즈 소스라도 묻었다 싶으면 먹질 않습니다. 순댓국에 깍두기를 좋아하고 한우 소금구이를 좋아하는 식성이 50대인 5살 아이를 키우고 있습니다.

내 아이를
지혜로운
인재로 키우기

여러가지 태교 방법

우리 선조들이 태교를 했던 이유는 무엇일까요? 아이가 공부를 잘하여 과거에 급제해 벼슬자리를 얻는 것? 아니면 많은 돈을 버는 것?

그보다는 우리 아이가 장차 현명한 아이로 자라, 나라에 이익이 되는 충신이 되길 바라는 선조들의 마음 때문일 것입니다. 모든 일을 지혜롭게 해결해 나갈 수 있는 인재로 성장하길 바라는 마음 때문일 것입니다. 현명하더라도 나밖에 모르는 사람이 아니라 현명하여 나라도 구할 수 있는 사람을 원했기에, 조정에서 중신들과 세종대왕께서 책으로 태교를 강조한 것이 아닐까 합니다.

세종 시대 궁중에서는 임신을 하면 악사를 곁에 두어 음악을 듣게 하였고, 직접 음악을 연주하게 하였습니다. 좋은 소리를 듣고 손을 사용하고 자극하여 태교에 좋은 영향을 줄 것이라 생각하였기 때문입니다. 음악 태교를 한 임산부라면 신기한 느낌을 받을 때가 있을 겁니다. 특정 소리나 특정 음악에 태동이 느껴지는 경험 말입니다.

활발하던 아이가 특정 음악에 차분해지거나 혹은 반응이 없던 아이가 특정 음악에 활발히 움직이며 태동이 느껴지기도 합니다.

국악과 태교에 대해 연구한 카이스트 교수님이 자신의 연구를 토대로 임산부들에게 강의를 한 적이 있습니다. '우리나라 사람들은 서양의 바이올린이나 피아노보다 낮음 음인 가야금과 거문고에 더 안정을 느끼고 태아 또한 그렇다'는 내용이었습니다. 귀를 자극하는 바이올린 소리보다는 조용함과 청명함이 어우러지는 거문고 소리는 생각만으로도 마음이 차분해지는 것을 느낄 수 있습니다. 귀에 거슬리는 소리가 산모에게는 스트레스로 작용할 수 있으므로 저도 교수님의 말에 동감 되었던 부분입니다. 저 또한 바이올린의 고음을 생각하면 머리가 지끈 거리는 것 같은 느낌이 들었지만 가야금과 거문고의 소리를 듣거나 생각하면 마음이 차분해 지곤 하였습니다.

또 다른 실험은 '막 태어난 아이가 눈도 뜨지 않은 채 엄마를 알 것인가'에 대한 내용을 실험 영상과 함께 설명했습니다. 막 태어난 아이에게 눈을 가리고 거즈에 엄마의 모유와 다른 사람의 모유를 묻혀서 양쪽 귀 옆에 대어주자, 아이는 엄마의 모유 쪽으로 고개를 돌립니다. 그리고 위치를 바꾸자 아이가 고개를 돌리는 영상이었습니다. 아이의 후각이 엄마의 뱃속에 있을 때 이미 발달되어 엄마의 체취만으로도 엄마를 찾을 수 있는 것입니다.

뱃속에 있을 때 제일 먼저 발달 하는 것이 청각이고, 그 다음이 촉각, 후각, 시각, 미각 순으로 발달한다고 합니다. 엄마의 태중에 있는 태아들은 볼 수가 없는 상태이므로 청각과 후각이 더 발달 할 수밖에 없으므로, 체취만으로 엄마를 알고 고개를 돌리는 것 입니다.

또 우는 신생아에게 뱃속에 있을 때 자주 들려주던 노래를 틀어주자 울음을 멈추는 연구 결과도 있습니다. 이렇듯 실제로 태교가 태아에게 영향을 끼칩니다. 엄마가 듣고 보고 느낀 것들을 뱃속의 태아도 그대로 듣고, 보고, 느낀다는 걸 증명한 것입니다. 그러니 태교의 중요성에 대해서는 다시 말하지 않아도 아시겠지요?

현재 무수히 많은 태교 방법이 있습니다. 하지만 이러한 방법들 이외에도 산모의 모든 생각과 언행이 태교가 됩니다. 보고 듣고 느낀 모든 것이 태교입니다. 따라서 산모는 항상 바른 생각과 차분한 언행을 지녀야 합니다. 우리의 선조들이 왜 태교를 중시했는지 생각해 보면 바른 인재를 키울 수 있기 때문이었다. 우리가 바른 태교를 해야 하는 이유도 이와 같습니다.

지금부터 뱃속의 아이와 교감하는 좋은 방법들을 몇 가지 소개할까 합니다.

1. 뜨개질 태교 – 손을 많이 움직이는 것이 태아의 뇌 발달에 도움이 된다고 합니다. 즉 손을 많이 움직이는 것만으로도 태교가 되는 것입니다. 손가락 끝을 자극 하는 것이 더욱 좋다고 합니다. 아이에게 엄마가 선물하는 첫 번째 선물을 직접 만들어 보는 건 어떠세요? 아이의 모자, 베넷 조끼 등을 손뜨개 하는 방법입니다. 게다가 실만 사면 실 집에서 무료로 배울 수 있고 뜨는 방법이나 모양까지 꼼꼼히 알려주기 때문에 어렵지 않게 할 수 있는 쉽고 실용적인 태교 방법입니다.

2. 동요·동화책 태교 – 태아는 엄마의 고음보다는 아빠의 저음을 더 잘 듣는다고 합니다. 고음은 양수를 거치며 많이 희석되지만 저음은 양수에 울림을 주어 태아가 더 잘 들을 수 있기 때문입니다. 또한 아이는 청력이 제일 먼저 발달하므로 동화책을 소리 내어 읽는 것이 좋으며, 특히 아빠가 소리 내어 읽어 주는 것이 더 좋습니다. 요즘에는 글로벌 시대로 영어가 중요시 되고 있으므로 영어 동화를 읽는 방법도 있습니다. 또 많은 동요를 들려주고 직접 소리 내어 노래를 불러주며 동요에서 뿜어져 나오는 에너지를 한껏 느껴보세요. 뱃속의 아이가 엄마와 아빠의 사랑을 함께 느낄 수 있을 뿐만 아니라 아이의 감성을 깨우는데 효과적인 방법입니다.

3. 손가락 놀이 태교 – 손가락 놀이(손 유희)는 치매 예방 및 치료에도 좋다고 하여 노인회관이나 복지관 등에서 할머니·할아버지를 상대로 많이 이뤄지고 있습니다. 치매가 예방된다는 것은 곧 뇌에 자극이 되는 것 입니다. 손 유희를 많이 하면 뇌 발달에 도움이 됩니다. 간단한 손 유희부터 시작해서 조금은 복잡한 손 유희를 하는 순으로 난이도를 올려가는 방법입니다.

제일 간단한 손 유희는 많은 분들이 알고 계신 한손으로는 동그라미를 그리고 다른 손으로는 세모를 그리는 방법입니다. 두 번째는 왼손과 오른손으로 하는 가위바위보. 왼손이 무조건 이긴다와 같이 나만의 규칙을 정해 놓은 후 가위바위보 하는 방법입니다. 좌뇌 우뇌를 고루 자극하여 발달시켜주는 방법이고 생각과 집중을 많이 해야 함으로 아이에게 뇌에도 시냅스 활성화를 시켜주는 방법입니다.

또 노래에 맞추어 손을 바꾸며 손 유희를 하는 방법도 있습니다. 양손을 같이 엄지, 검지 가위모양과 약지, 세끼손가락 가위모양을 번가라 가며 '퐁당퐁당' 노래에 맞추어 바꾸는 방법입니다. 처음에는 익숙하지 않기 때문에 어렵지만 익숙해지고 나면 아주 빨리 할 수 있으므로 시간이 갈수록 속도를 빨리 해야 합니다.

마지막으로 손과 발을 이용한 가위바위보입니다. 손과 발을 같이 이용해야 하기 때문에 위에서 왼손 오른손이 하는 가위바위보 보다 난이도가 높습니다. 혼자서 아무도 없을 때 해 보아도 즐겁고 웃음이 나옵니다. 내 맘대로 움직이지 않는 손과 발을 보면서 재미도 있습니다. 더불어 뇌자극도 되는 방법입니다.

4. 국악 태교 - 많이 유명해진 태교 중에 하나입니다. 국악태교란 우리나라 정서에 맞는 가야금과 거문고가 어우러져 있는 음악을 듣거나 배우는 방법입니다. 바이올린 같은 현악기는 가끔 귀를 자극하는 소리가 나지만 가야금과 거문고의 울림은 마음을 차분히 만들어 줍니다. 이에 더불어 청아한 노래가 곁들여져 있는 국악들이 있습니다. 또 신명나는 민요도 있습니다. 밝은 소리의 피리나 단소, 아쟁 등 다양한 종류가 있습니다.

손가락으로 한 현 한 현 가야금을 뜯으면 손도 많이 움직이고 손가락 끝도 자극과 더불어 노래도 부르고 들을수 있는 좋은 방법입니다. 요즘에는 문화센터나 동사무소에도 가야금반이 많이 개설되어 있습니다. 저렴한 비용으로 배울 수 있고 아이의 태교와 더불어 나의 특기를 기를 수 있는 방법입니다.

국악태교는 직접 무엇인가 악기를 다루는 것도 좋지만 그저 국악을 접하며 마음을 가라 앉히고, 머리를 맑게 하는 음악을 듣는 것만으로도 좋은 태교라 생각 합니다.

5. 그림 태교 – 아이를 임신하며 태교를 생각해 보니 아이와의 교감 형성 이였습니다. 그림 태교란, 스케치북에 색연필이나 크레파스로 아이의 시각에서 그림을 그리며 아이에게 찬찬히 설명해 주는 방법입니다. 엄마가 그린 그림을 가지고 태아와 이야기를 나누는 것입니다. 하늘, 해, 달, 구름, 산 등을 그리다 보면 마음이 차분해지고 머리도 맑아지며 생각이 긍정적으로 변하기 때문에 가끔 분주해질 때마다 한 번씩 그림을 그리고, 아이에게 소곤소곤 그림을 설명해 주었습니다. 눈에 보이는것에서 부터 보이지 않는 것까지 그림의 소재가 되는 것들은 다양하고, 연필, 물감, 색연필, 크레파스, 파스텔 등 그림을 그리고 채색하는 재료 또한 다양하니, 마음에 드는 것을 선택하여 그려 보고 아이와 도란도란 이야기 해보십시오.

6. 운동 태교 – 임신을 한 임산부는 무게중심이 바뀌기 때문에 힘들고, 똑바로 누워서 잘 수 없기 때문에 더 힘이 듭니다. 운동 태교란 가벼운 동작으로 몸을 이완시켜 뭉친 근육을 풀어주고 산달이 다 되어갈 때는 출산에 용이한 자세와 스트레칭을 통해 통증완화 및 긴장이완을 할 수 있는 방법을 찾아 운동하는 방법입니다. 이 종류에는 임산부 요가가 대표적입니다. 벽을 등지고 똑바로 서서 양손으로 벽치기를 하거나 앉아서 가부좌를 틀고 양 다리를 번갈아 가며 이

완시켜주는 방법은 임신으로 인해 자칫 틀어질 수 있는 골반을 이완시켜 주는 골반운동입니다. 고양이 자세는 태아의 공간을 늘려주는 방법이고, 천천이 목 운동부터 시작해 무릎- 발까지 이완과 수축을 반복해 주면 임신을 하면서 굳어질 수 있는 근육을 이완시킬 수 있습니다.

운동 태교를 할 때 주의해야 할 사항이 있습니다. 절대로 무리를 해서는 안 됩니다. 살짝 당긴다는 기분이 들 정도로만 해야 한다는 것을 명심하셔야 합니다. 절대로 과하게 해선 안 된다는 것을 명심 또 명심해야 합니다.

7. 외국어 태교 - 아이가 어렸을 적에 외국어에 많이 노출이 되면 나중에 커서도 외국어를 부담 없이 받아들인다는 연구결과가 있습니다. 외국어 태교란, 뱃속의 아이에게 다양한 외국어를 듣게 하여 외국어와 친숙해지게 하는 방법입니다. 아마 영어를 좋아하는 예비엄마들은 많지 않을 것입니다. 그만큼 영어가 어렵고 익숙하지 않아서 겠지요? 그러니 '우리 아이만큼은 영어를 즐거워했으면' 하는 마음으로, 힘들더라도 하루에 영어 단어를 두세 개씩 외우는 건 어떨까요? 간단한 영어회화를 배우는 것도 좋습니다. 그러다가 차츰 영어가 익숙해지면 영어로 된 간단한 동화책을 읽는다거나 영어로 된 재미있는 만화나 영화를 자막 없이 보는 것도 추천해 드립니다. 자막 없이 보는 것이 힘드시다면, 자막 있는 것을 보되 귀를 기울여 영어를 듣고 따라 말해보는 것도 좋은 방법입니다.

영어뿐만 아니라 자신이 평소 배워보고 싶다거나 조금은 익숙해서 거부 반응이 적은 외국어를 선택하여 공부하는 것도 좋습니다. 우리 아이가 살아가는 시대는 중국이 떠오르는 시대이고, 우리나라 옛 문헌의 대부분이 한문으로 되어 있기 때문에 중국어나 한문을 공부하는 것도 좋은 방법 중 하나가 될 것입니다. 외국어 공부는 자기계발과 태교를 동시에 할 수 있는 일석이조의 방법입니다.

8. 숫자 태교 - 숫자 태교를 하는 방법에는 여러 가지가 있습니다. 구구단을 외우거나 숫자를 큰소리로 세보고 더하기 빼기를 하는 방법 등이 있으며, 생활 속에서 반복할 수 있는 나만의 방법으로 별도의 시간을 들이지 않는 것에 적용하면 더 좋습니다. 계단을 오르내릴 때 '하나, 둘, 셋' 하며 소리 내어 숫자를 세며 오르고 내리면, 별도의 시간을 들이지 않고 숫자 태교를 할 수 있습니다.

조금 더 난이도를 높여 연산을 하여 뇌를 사용하는 방법으로 스도쿠가 있습니다. 스도쿠는 수학 퍼즐로, 가로 세로 9칸인 정사각형 모양의 빈칸에 1부터 9까지 아홉 개의 숫자를 정해진 규칙을 충족시켜 넣습니다. 즉, 가로 세로 어디에도 같은 줄 내에서는 같은 숫자를 쓰지 않으며, 가로 세로 3칸인 작은 정사각형에도 같은 숫자를 쓰지 않도록 1부터 9까지의 숫자를 배열하는 것입니다. 스도쿠는 인기가 많아 컴퓨터 게임이나 스마트폰 앱으로도 개발되었으나 전자파는 엄마와 아이 모두에게 안 좋은 영향을 끼치기 때문에, 책으로 푸는 것이 좋습니다. 풀리지 않는 문제를 생각하며 부여잡고 있으면 시간 가는 줄도 모르고, 수리력뿐만 아니라 집중력과 수학적 사고력을 동시에 강화할 수 있으니 일거양득인 셈입니다.

9. 태동태교 – 태동 태교는 배를 손가락 두 개 정도로 한 번 톡, 두 번 톡톡 , 세 번 톡톡톡 두드리는 걸 반복하는 것입니다. 이때 한 번 톡 하고 한 템포 쉬고, 두 번 톡톡하고 한 템포 쉬어서 아이가 반응하거나 기억할 수 있는 시간을 주는 것이 중요하며, 옆으로 누운 자세에서 하는 것이 더 좋습니다. 태동 태교는 처음에 할 때는 아무 반응이 없지만, 일주일에서 한 달 사이에 태아가 반응하기 시작합니다.

실제로 태동 태교를 한지 일주일 정도 되면 아이가 뱃속에서 톡, 톡톡 두드려주는 경험을 할 수 있습니다. 그 이후로 산달이 다 될 때까지 엄마가 들려주던 톡 소리에 맞춰 한 번 톡에서 두 번 톡톡 하고 세 번 톡톡톡 아이가 엄마의 배를 두드리는 걸 느낄 수 있습니다.

10. 엄마 태교 – 아이가 한 단어를 말하기 위해서는 그 말을 적어도 천 번에서 많게는 만 번을 들어야 한다고 합니다. 엄마 태교는 말 그대로 뱃속에 있을 때 "엄마" "엄마"소리를 자주 하는 것입니다. 뱃속의 아이는 엄마의 목소리를 통해 모든 것을 듣고 느낍니다. 엄마의 감정에 쉽게 동요하고, 엄마의 눈을 통해 세상을 바라봅니다. 아이에게 있어서 엄마는 보금자리인 동시에 세상의 전부이지요. 그런 아이에게 "엄마"라는 단어는 엄마의 존재를 인식시키는 동시에, 그 단어에 익숙해 지게끔 만듭니다. 실제로 엄마 태교를 한 아이는 다른 아이들에 비해 "엄마"라는 말을 빨리 시작합니다. 태어나서 가장 먼저 하게 되는 말이 "엄마"라면, 그보다 감격스러운 순간이 또 있을까요?

이외에도 다양한 태교 방법이 있습니다. 한글 공부를 하는 한글 태교도 있고 악기를 배우거나 혹은 수영을 하는 임산부도 있습니다. 내가 즐겁게 할 수 있으면서 아이에게도 유익한 자극을 줄 수 있는 나만의 태교 방법을 선택하여 해 봅시다.

　이때 중요한 것은 바른 마음가짐과 차분한 자세, 밝은 생각을 지니는 것입니다. 무엇이든지 아이를 위해 하는 것인 만큼 너무 격하게 해서는 안 되며 너무 흥분하여서도 안 됩니다. 많은 책을 읽고 좋은 생각을 한다면, 그것이 바로 좋은 태교일 것입니다.

　태교에서 가장 중요한 것은 엄마와 아이의 교감입니다. 뱃속의 아이와 놀아준다 생각하고 하고 아이에게 많은 이야기를 들려주고 아이와 같은 느낌을 느끼는 것입니다. 아이 중심적인 생활태도로 아이에게 좋은 영향을 주는 것이 태교인 만큼, 즐거운 태도로 태교에 임한다면 옛 선조들이 그러했듯이 내 아이를 지혜로운 인재로 키우는 발돋움이 될 것입니다.

보다 사실적인
출산 이야기

그래도 뱃속에 있을때가
편한거다

　지금까지 태교의 중요성과 방법에 대해 알아보았습니다. 그럼 이제부터는 출산과 육아에 대해 이야기해 보고자 합니다.

　임신하고 처음에는 괜찮다가도 막달이 되면 부쩍 힘이 듭니다. 조금만 걸어도 숨이 차고, 화장실에 자주 가게 됩니다. 복부의 팽창감과 당기는 느낌은 이루 말할 수 없으며 허리통증도 심해지지요. 몸이 쉽게 부을 뿐만 아니라 걸핏하면 피곤이 몰려왔습니다. 체중 또한 늘어 몸이 무거워져 움직이는 것조차 힘이 들고 무엇보다도 똑바로 누워서 잘 수 없어 불편했죠.

　엄마는 이러한 불편을 감수하고 아이를 낳습니다. 그런데 임신 중 어른들에게 힘들다고 이야기하면 "그래도 뱃속에 있을 때가 편한 거다."라고 하십니다. 그러면 대부분 이렇게 생각하죠. '지금 내가 얼마나 힘든데……. 하루라도 빨리 낳고 싶다.'라고 말입니다.

　그런데 아이를 막상 낳게 되면 생각이 바뀝니다. 그리고 그제야 깨

닮게 되죠. 어른들 말씀이 맞았음을요. 뱃속에 있을 때 힘든 건 아무것도 아닙니다. 뱃속에 있을 때는 그래도 내 맘대로 먹고, 자고, 어디를 가는것도 가능했지만 아이가 태어나고나니...... 기본적인것조차 내 맘대로 할 수 없었습니다. 이제까지 책에서 봐 왔던 출산 이야기가 전부가 아니었습니다. 극히 일부였던 것이지요.

병원에서 근무한 경험이 있었지만 출산 당시 당황스러운 상황을 많이 접했습니다. 그로 인해 되도록 사실적으로 이야기함으로 써 많은 분들이 대비할 수 있었으면 하는 바람입니다. 그래서 살짝 저의 출산 이야기를 해보겠습니다.

첫째인데도 출산 예정일이 15일 이상 남았는데 가진통이 오기 시작했습니다.

가진통이란 복부가 출산을 할 것 같은 가짜 진통을 말하는데 규칙적으로 배가 아픈 것 같기도 하고 허리가 아프고, 배가 당기고 찌뿌둥한 몸 상태가 계속됩니다. 진진통이 오기 전 준비단계에서 발생하는 통증이라고 표현하는 것이 가장 합당한것 같습니다. 출산 시 진진통이 와야 아이를 출산할 수 있습니다. 가진통과 진진통은 비슷한 유형이지만, 가진통은 진통이 오다가 갑자기 괜찮아지거나 주기적으로 아프지 않고 불규칙적으로 오는 통증이라고 이해하시면 될 것 같습니다. 가진통이 오다 안오다를 반복한 후 진진통이 옵니다.

어느 정도 안다고 생각했었지만 가진통과 진진통을 구분하기란 쉽지 않았습니다. 이론 상으론 빠삭하게 알고 있었지만 직접 경험한 것이 처음이라 긴가 민가 싶었고, 좀 당황되었습니다. 임신을 하면서 결심한 것이 '5분에 두 번 통증이 올 때 까진 집에 있어야겠다' 였는데 저녁에 누워 시간을 재니 5분에 두 번 정도 통증이 오는 것 같아 병원에 갔습니다. 이야기를 하고 태동검사를 하는데 가진통이라 하였습니다. 분명이 5분에 두 번 통증이 왔는데 말입니다. 태동검사를 마치고 다시 집으로 왔는데도 통증이 가시질 않은 상태가 계속되었고, 주기적으로 당기고 아픈 통증도 있었습니다.

낮이 되니 다시 좀 괜찮아졌고, 새벽에 응급실을 방문했던 것이라 낮 진료시간에 다시 오라고 해 병원에 갔습니다. 의사 선생님께서 "자궁 문이 조금 열려 있긴 한데 9개월쯤부터 열려 있던 거라 지금 진통이 급하게 진행되진 않겠지만 자궁이 열려 있으면 감염의 위험이 있으니까 입원해서 유도 분만을 해봅시다."하셔서, 바로 입원을 했습니다.

그날 저녁, 또 다시 어제와 같은 통증이 와서 이번에도 가진통인가 생각하여 골반을 넓혀주는 스트레칭을 하였습니다. 병원 복도를 왔다 갔다 하기도 하고, 누워있기도 하며 진통이 규칙적으로 찾아오는지, 또 시간 간격은 어떠한지 체크를 하는데 갑자기 숨을 쉴 수 없을 만큼의 통증이 왔습니다.

그 순간 '아, 이게 진진통이구나! 이제 정말 출산이 얼마 남지 않았구나!' 하는 생각이 들었습니다. 숨 쉴 수 없을 만큼의 통증이 30초에서 1분 정도 유지되다가 지나갔습니다.

통증 기간에는 최대한 호흡을 크게 해서 통증 완화를 해야 합니다. 출산할 때 하는 '라마즈 호흡법'이 있는데, 이 호흡법은 들숨과 날숨을 조절하여 통증을 완화하고 순산에 도움을 주는 호흡법입니다. 실제로 통증이 왔을 때 산소를 많이 들이마시면 체내에서 통증을 완화

시킨다고 합니다. 그러니 크게 숨을 들이마시고 천천히 호흡하여 체내에 많은 양의 산소를 유지하고 태아에게도 산소를 공급해주어야 합니다. 임신 중 미리 배워 놓았던 '라마즈 호흡법'으로 통증이 왔을 때 큰 숨을 쉬었고 통증이 지나가면 정상호흡으로 하며 시간을 체크하다 이윽고 5분에 두 번 통증이 오기 시작하였습니다.

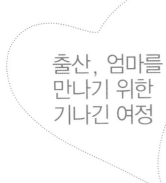

출산, 엄마를 만나기 위한 기나긴 여정

두려움은 산모와
아이 모두에게 도움이 안 된다

통증이 오기 시작할 때 엄마는 자신보다 아이를 먼저 생각해야 합니다. 엄마인 나는 아이를 낳기 위해 아픈 것이지만 뱃속의 아이는 자신의 생명을 걸고 나오려는 몸부림이란 것을 잊지 않았으면 합니다. 요즘에는 의학의 발전으로 출산 중 사망률이 낮아졌지만 불과 20~30년 전만 하더라도 출산 중 사망하는 태아도, 산모도 많았습니다. 그만큼 출산이란 것이 힘든 일입니다.

태아의 입장에서 한번 생각해 보셨습니까? 그렇지 않으셨다면 한번 생각해 보세요. 3~4kg, 키 50~55㎝의 아이가 엄마의 그 좁은 산도를 통과해 엄마와 눈을 맞추러 나오는 시간, 보통 짧게는 서너 시간부터 길게는 12시간이니 24시간을 이야기 하는 사람도 있듯, 그 긴 시간을 아이는 온힘을 다해 좁은 산도를 나옵니다. **엄마를 만나기 위해 자신의 목숨을 건 기나긴 여정을 시작하는 것입니다.**

세상에 태어나 빛을 보고 엄마·아빠에게는 희망을 선물하고 여러 사람에게는 웃음을 안겨주며 이 세상을 살아가기 위해 목숨 걸고 길게는 몇 십 시간씩 걸려 나오는 과정이 바로 출산입니다. 실제로 출산 후 갓 태어난 아이들을 보면 눈부터 얼굴이 퉁퉁 부어 있는 것을 볼 수 있습니다. 아이가 느끼는 출산의 고통은 엄마인 우리가 상상할 수 있는 범위가 아닌 것 입니다.

어떠세요? 입장을 바꾸어 생각해 보니 아이가 얼마나 힘든 과정을 거쳐 나오는 것 인지 조금은 이해가 되시는지요.

진통이 오기 시작하면, 이러한 아이의 입장에서 생각해 보며 아이에게 집중해야 합니다.

산모는 최선을 다해야 합니다. 산모가 불안함을 느끼면 아이의 불안함은 더 커지기 때문입니다. 최대한 침착함을 유지하며 진통이 올 때에는 뱃속의 아이에게 산소를 공급하고 통증을 완화하기 위해 크게 호흡해야 합니다. 뱃속의 아이는 좋아하던 음악에 반응하고 엄마의 감정에 모두 공감합니다. 그런데 만일 출산 시 산모가 긴장하거나 불안해하고 공포를 느낀다면, 안에서 아무것도 보이지 않는 아기의 두려움은 얼마나 클까요?

공포와 두려움은 아이와 산모 두 사람 모두에게 아무런 도움이 되지 않습니다. 출산이 두렵고 무섭겠지만, 되도록 아이만 생각 했으면 좋겠습니다. 아이가 무섭지 않도록, 불안하지 않도록, 건강히 무사히 만날 수 있도록, '뱃속의 아이가 어떤 노력을 하고 있을까?' '힘내라! 건강히 엄마와 만나자!' 하고 응원하는 건 어떨까요? 통증보다는 아이의 건강이 우선이고 무사히 만나는 것 이외에는 그 어떤 것도 관심을 가져서는 안 됩니다.

산모 중에는 간혹 진통을 겪으며 욕을 하는 사람도 있다고 합니다. 그런데 아이가 다 듣고 있다고 생각해 보세요. 실제로 뱃속의 아이들은 청각이 발달해 있기 때문에 엄마의 말을 다 듣습니다. 우리가 좋은 음악을 들으며 태교를 한 것도 바로 그 때문이지요. 그런데 순간의 고통으로 인해 아이에게 좋지 않은 말을 듣게 하는 것은 안 되겠지요?

그리고 아이의 입장에서 '아이가 얼마나 힘들어 하고 있을까?' '내가 힘들어 하는 것보다 아이는 몇 배 몇 십 배 힘들어하고 있겠지!' 생각하고 아이에게 도움이 될 만한 행동을 해 보세요. 출산에 많은 도움이 됩니다. 뱃속 아이의 태명을 부르며 사랑한다고 속삭여 보세요. 그리고 이렇게 말하는 겁니다. "우리 아가, 많이 힘들지? 그래도 힘내~ 힘내서 건강하게 엄마랑 만나자!"라고 말입니다. 배를 쓰다듬으며 이야기 해주면 더욱 좋습니다. 아이는 이미 촉감도 발달되어 있는 상태입니다. 이미 청각이 발달했으므로 속으로 혼자 생각하기보다는 도담도담 이야기하는 것이 더 좋습니다.

진통이 오는 내내 아이에게 집중하며 이야기하고 때로는 힘내서 나오라는 의미로 임신 중 잘 불러주던 노래를 직접 불러주었습니다. 진통이 오면 누웠다 진통이 좀 가시면 앉아서 스트레칭을 하면서 새벽을 넘겼습니다. 아마 아이를 먼저 생각하는 마음 때문이었을까요? 진통시간도 짧았고 통증도 참을 만했습니다.

그 시간에 저희 신랑은 쿨~쿨 아주 신나게 코를 골며 병원의 따뜻한 방바닥에서 잠을 자고 있었습니다. 신랑에게 조금은 서운한 마음이 들었습니다. 아내가 진통 중인데 저렇게 잠이 올까 싶으면서 다른 한편으로는 얼마나 피곤하면 저렇게 세상 모르고 잘까 싶기도 했습니다. 평상시 바쁜 일 때문에 잠을 못자서 한번 잠이 들면 세상 모르고 자는 신랑이 한편으론 안돼 보여서 입원하면서 10시쯤 자라고 했더니 바로 주특기인 '레드 썬'을 보여주더라고요. 진통이 오기 시작하면서 깨울까 생각도 해 보았지만 신랑이 일어나도 제게 해 줄 것이 없었습니다. 신랑을 깨우는 것은 오히려 신랑이 진통에 시달리는 저를 보며 걱정만 시키는 것이라 생각하였습니다. 그래서 '5분에 두 번 진통이 오면 깨우자'라고 생각하고 그냥 자게 두었습니다.

그렇게 새벽시간을 지나 다섯 시 경. 아이와 저는 여섯 시간 정도 둘만의 시간을 보내고 드디어 5분에 두 번 통증이 오기 시작하였습니다. 신랑을 깨우고 간호사 선생님에게 연락해 5분에 두 번 진통이 온다고 이야기를 하자 급하게 뛰어왔습니다.

진통이 심할 것이라 생각하고 급하게 뛰어온 간호사 선생님은 너무나 의연한 저를 보고는 '지금 진통 오는 거 맞아요?'를 몇 번이나 묻고 나서야 분만실로 향했습니다. 지나서 생각해 보니 몇 번이나 진통이 오냐고 물었던 이유가 너무 평범하게 침착함을 유지해서가 아닌가 싶습니다.

그렇게 침착함을 유지할 수 있었던 이유는 아이만 생각하고, 아이와 계속 이야기하고 교감하며 아이를 만날 준비를 하였기 때문이었습니다.

아이가 필사적으로 엄마를 만나러 오는 과정에 산모가 소리를 지르거나 우는 것은 정신적으로도 체력적으로도 도움이 되지 않을 것이라는 생각이 들었습니다. 미리 힘을 빼 버리면 정작 내가 힘써야 할 때 힘을 쓰지 못할 것이라는 생각도 들었습니다. 출산 과정에서 겪는 진통은 아이를 만나는 과정의 일부이기 때문에 최대한 아이만 생각하고, 아이를 위해 기다리는 준비된 자세가 필요합니다.

그렇게 분만실에 가려고 침대에서 일어나 병실 문을 열고 몇 발자국을 걸어 나왔는데 다시 진통이 와서 그대로 멈춰서 호흡을 가다듬었습니다. 이 모습을 본 간호사 선생님은 진통이 오는 것이 맞는 것을 아시고 분만실에 전화를 해 놓는 조치를 취하였습니다. 엘리베이터를 타고 내려가 분만실에 들어가자 조금 긴장이 되었습니다. '이젠 진짜 아이와 만나는 구나' 하는 생각과 조금은 어두운 분위기의 분만실 때문이었습니다.

어스름한 분만실, 등은 거의 켜져 있기 않았습니다. 낮에 들어가더라도 비슷한 분위기입니다. 이는 분만실이 너무 밝으면 산모들이 더 히스테리를 부릴 수 있으니 차분한 분위기를 유지하기 위함입니다. 더불어 태어난 아이가 갑자기 밝은 빛을 보지 않게 하기 위함인데, '처음 들어가는 산모는 어두컴컴함 때문에 더 겁을 먹을 수 있겠다'란 생각이 들었습니다. 개인적으로는 밝은 것을 좋아해 어스름한 분위기가 싫어 불을 찾았지만 준비되어 있지 않았습니다.

즐거운 음악이 잔잔히 나온다면 조금은 산모들로 하여금 통증을 다른 데로 전환시킬 수 있을 텐데…… 하는 아쉬운 마음이었습니다.

태동검사를 하고 출산 전 감염을 막기 위해 관장을 하는데 저는 여기서 문제가 생겼습니다. 막바지가 되자 호흡법으로도 감당이 되지 않을 만큼 통증이 심해진 것입니다. 관장약이 들어가고 화장실에 다녀오라고 해서 화장실에 들어 가긴 했는데 그때부터 통증이 몰아치기 시작했습니다. 5분에 두 번은 2분 30초마다 한 번 꼴인데, 이 간격이 점점 좁아지더니 2분에 한 번, 급기야는 1분에 한 번씩 오면서 화장실에서 못 나오는 상황이 되었습니다. 짧은 간격으로 찾아오는 진통에 식은땀까지 흘리며 안절부절 못하고 있었습니다. 시간이 얼마나 지났는지 모르겠으나 밖에서 기다리던 신랑이 문을 두드리는데 문을 열지 못하겠어서 말로 대답을 두세 번 하자 간호사 선생님을 불러왔고, 간호사 선생님의 도움으로 화장실에서 탈출할 수 있었습니다.

통증이 몰아치자 혼자서는 걸을 수가 없었고, 간호사 선생님의 부축을 받아서 겨우 자리에 돌아와 누웠습니다. 이윽고 다시 이것저것 검사가 이어졌습니다. 간호사 선생님이 "화장실에서 혼자 분만 하시려고 그러셨어요?"라며 농담을 건네자 "그건 아닌데 혼자서 걸어 나올 수가 없더라고요."라고 대답했더니 간호사 선생님이 웃으면서 "당연하죠. 통증이 올 때는 대부분 그러세요~"라고 이야기 해주셨습니다.

진통이 5분에 두 번 올 때까지 참다가 분만실로 온 탓에 무통주사를 맞을 수가 없었습니다. 무통주사를 맞아도 아무 효과가 없다는 겁니다. 이미 맞을 시기를 놓쳤다는 이야기죠. 결국 무통주사도 못 맞고 아이를 낳게 되었습니다. 출산 준비 중 뉴스에서 무통주사에 대한 좋지 않은 뉴스를 접해 출산을 준비하는 내내 무통주사를 맞아야 하나 말아야 하나를 고민하던 차에 맞아도 소용이 없어 맞지 못한다고 하니, 한편으론 '잘됐다' 생각이 들다가도 '많이 아프면 어떻게 하지?' 하는 걱정이 들었습니다.

무통분만이라고 해서 통증이 전혀 없는 것은 아닙니다. 무통주사란 통증을 전혀 못 느끼게 마취를 하면 산모가 힘을 줄때와 안 줄때를 구별하지 못하여 아이가 위험해지기 때문에 통증을 조금 완화시켜주는 주사입니다. 무통주사를 맞았는데 왜 이렇게 아프냐는 푸념을 주변에서 듣곤 하였는데, 아마 무통주사라는 이름 때문에 사람들이 '통증이 전혀 없을 것이다'라고 생각 그래서 그런 게 아닌가 합니다. 무통주사는 산모의 고통을 조금이라도 줄여 주기 위해 가능한 범위에서 통증을 완화해 주는 주사라고 생각하면 될 것 같습니다. 통증이 온다는 건 아이가 나올 준비를 한다는 것이고 막바지에는 엄마도 같이 힘을 보태주어야 하는데, 그걸 느끼지 못하면 아이의 생명이 위험해 지므로 의학에서도 완전한 무통을 해 줄 수 없는 것입니다.

아무튼 무통주사를 맞지 못하고 6시 반 정도 통증이 몰아치기 시작한 지 10여 분 정도 지난 후 가족 분만실로 옮겨졌습니다. 가족 분만실은 실질적으로 분만을 하는 장소로, 가족과 함께 들어갈 수 있습니다. 엄마와 같이 들어가는 경우도 있다는데 한 지인이 진통을 겪는데 엄마가 오셔서 옆에서 봐주셨다고 합니다. 그런데 엄마를 보니까 '엄마도 이렇게 힘들게 날 낳아주셨겠지'란 생각에 눈물이 나서 한참 울다 실신을 하였다고 합니다. 결국 아이도 위험해질 뻔 하였으며 분만도 힘들었다는 이야기를 들어서, 엄마에게 일찍 연락을 드리지 않았습니다.

저 또한 눈물이 많아서 엄마를 보자마자 어리광을 부리고 울 것 같았기 때문에 친정과 시댁에 연락을 하지 않았습니다. 지금 생각해 보면 아예 연락을 안 하는 것이 아니라 밖에서라도 기다리게 하셨어야 하나 싶기도 합니다. 걱정만 끼치는 것 같은 생각에 하지 않았는데 엄마는 많이 서운하셨나 봅니다.

출산 한 시간 전 부터 숨을 쉴 수 없을 만큼 진통이 몰아치기 시작합니다. 이때 통증이 너무 심해져 나도 모르게 '끙~!'거리며 자꾸 숨을 참게 되는데 이는 아이에게 산소를 잘 전달해 주기 못하기 때문에 의식적으로 호흡을 신경 써야 합니다.

저도 자꾸 통증 때문에 호흡을 참자 간호사 선생님이 아이의 심장 박동이 나타나는 기계를 보여주며 "지금 산소가 아이에게 잘 가지 않고 있으니 호흡을 크게 크게 하셔야 해요."라며 "심장 박동을 나타내는 기계에 하트(♥)모양이 파랑색을 유지해야 합니다."라고 말했습니다. 이 색이 빨강색이 되면 아이에게 산소가 잘 전달되지 않아 아이도 힘들어하는 거라고 말이죠.

실제로 호흡을 잘 하자 금방 다시 파랑색으로 바뀌었고, 통증이 심해져 호흡을 놓치면 빨강색이 되는 것이 보였습니다. 그래서 아파서 소리를 지른 다거나 다른 것에 신경을 쓸 수 없었고 태동 검사기의 하트(♥)의 색에만 신경 쓰게 되었습니다. 제가 출산을 하며 한 것이라고는 호흡과 간호사선생님의 손, 그리고 저희 신랑의 손을 꼭 쥐고 있는 것이 다였습니다.

그렇게 몰아치던 통증이 막바지에 이르자 신경 쓰며 쉬는 숨도 잘 쉬어지지 않는 것 같았습니다. 의사 선생님이 들어오고 침대에 봉 같은 것이 더 설치되고 이젠 산모도 힘을 써야 할 시간이 되었습니다. 상체를 반쯤 세우고 힘을 주었고 아이도 마지막 힘을 내서 머리를 돌리며 나오기 시작하였습니다. 그렇게 아이가 태어났습니다.

첫아이를
품에 안다

아이가 태어난 감동과 기쁨
그리고 고마움

조선 시대에는 아이를 낳으면 그 집에 금줄을 치고 사람이 드나드는 것을 통제하였습니다. 그 이유는 전염병 때문이었습니다. 아이는 면역력이 약하기 때문에 사람들이 많은 곳은 좋지 않습니다. 금줄은 마을 사람과 외부 사람들이 성스러운 산고에 접근해서 아이와 산모에게 해를 끼치지 않도록 대문 기둥 위 부분에 처 두었던 일종의 금기를 나타내는 방법이었습니다.

금줄은 태어난 아기가 아들이냐 딸이냐에 따라 다르게 표현하였습니다. 아들이 태어나면 새끼줄에 고추, 숯, 짚 등을 달고, 딸이 태어나면 숯, 미역, 솔잎, 종이 등을 달아두어 아기의 성별을 알린 것입니다. 금줄이 걸린 집은 삼칠일(21일)동안 출입통제구역이 되었습니다.

현재는 예전처럼 금줄 같은 것을 걸지 않습니다. 번거롭기도 하고 그러한 전통이 단절되었기 때문입니다. 아이가 태어났다고 알리는 의식이기도 한 금줄. 금줄이 처져 있으면 너도나도 축하를 해 주곤

하였습니다.

요즘 산모들은 흔히 아이가 태어나면 '아이를 같은 병실에 둘 것인가? 아니면, 신생아실에 있게 할 것인가?'를 가지고 무척이나 많은 고민을 합니다. '아이는 면역력이 무척이나 약한 상황인데 병원에 입원해 있는 동안 친인척분들이 인사를 오면서 혹시라도 바이러스에 감염되지는 않을까?' 하는 걱정과 '많은 사람을 접해도 신생아실에 엄마 없이 떨어져서 있는 불안과 스트레스를 줄여 줄 수 있지 않을까?' 하는 고민. 이 고민에 대한 정답은 없지만 의사 선생님은 이렇게 조언하시곤 합니다.

"엄마도 좀 휴식이 필요하고 아이도 거의 잠을 자며 면역력이 많이 약한 상태니까 신생아실에 있는 것이 좋겠다."

라고 말입니다.

저도 출산을 준비하며 또 출산 막바지 까지 이 문제에 대해 고민 하였습니다. 하지만 출산 직후 의사선생님의 조언에 따르기로 하였습니다. 이미 문밖에 저의 친지들이 축하해 주려 기다리고 계셨기에 아이의 면역력을 장담할수 없는 상황이라 판단되었기 때문이었습니다.

'응애~' 하고 터져 나오는 아이의 첫 울음소리는 너무 감동적 이었습니다. 뱃속에서 세상 밖으로 나와 처음으로 혼자서 하는 호흡! 그 소리에 가슴이 뭉클하고 벅차올랐습니다. 빨리 울음을 달래 주어야 할 것 같았고 마치 엄마를 찾는 것 같았습니다.

태어나자마자 일사분란하게 아이의 검사가 이루어졌습니다. 아이 아빠의 얼굴을 보자 새파랗다 못해 새하얗던 조금 전 얼굴과는 달리

긴장이 풀리고 웃음을 머금고 있었습니다. 그리고 이어지는 한마디. "고생했어! 고생했어." 그제야 참고 있던 울음이 터져 나왔습니다. 그 한마디에 긴장하고 있던 마음도 풀린 것 이었습니다.

제가 울자 의사 선생님은 "다 잘하고 나서 왜 이제 우세요? 지금 울면 몸에 좋지 않으니까 울지 마세요!"라고 이야기 해주셔서 겨우 진정할 수 있었습니다.

의사 선생님이 "난 내일이나 되어야 아기 볼 수 있을 거라 생각했는데 바로 진통이 와서 다행이네요. 유도분만을 할 생각이었는데 운동열심히 했나 봐요. 진통 시간도 짧고"라고 물으셨고 "아들이 효자인가 봐요. 엄마 걱정하는 거 알고 알아서 태어나 주니"라고 대답했습니다. "그래도 진통 시간이 길지 않아서 다행이네요"라는 의사 선생님의 말에 "아이 셋은 거뜬하겠는데요"라고 농담까지 할 여유가 생겼습니다.

아이가 태어나고 뱃속의 부산물을 쏟아내고 나니 통증이 싹 가셨습니다. 그 시원함은 참 신기하기도 하고 편안하기도 하며 경이롭기까지 했습니다. 아이가 깨끗하게 씻고 포대기에 싸여 나에게 안겨지고 난 후의 첫 젖 물림. 아이는 신기하게 잘하였고 엄마를 아는지 품에 있다가 간호사 선생님이 안아 가자 아주 큰 소리로 우는 것이었습니다. '이 녀석이 엄마를 아는구나!'라고 느낄 수 있었습니다. 아이는 태어나자마자 엄마를 느끼고 알고 있었습니다. 정말 신기했습니다.

아이의 위생을 위해 아이는 신생아실로, 나는 병실로 가게 되었습니다. 그렇게 긴 밤을 보냈습니다. 통증이 사라지면서 기분 또한 상쾌하고 날아갈 것 같았습니다. 아이가 태어난 감동과 기쁨 그리고 고 마음. 아이가 힘든 시간 잘 버텨 준 것이 너무 고마웠습니다.

자연분만을 해서 바로 미역국과 밥이 나왔고, 미역국을 한 그릇 뚝딱 먹으며 진땀을 빼고 나니 정말 출산을 했다는 것이 느껴지고 홀가분한 기분이 들었습니다. 열 달 동안 배불러서 똑바로 눕지도 못하고 뱃속의 아이가 혹시 다칠라 노심초사 했었는데 일단 출산을 하고 나니 '날아 갈 것 같은 기분'이란 표현이 딱 맞을 것 같습니다. 뜨뜻한 국물이 들어가 땀을 뻘뻘 흘리고 그 땀이 식으며 시원한 기분이 마치 출산을 해서 드는 홀가분한 기분으로 착각까지 들었습니다.

밤새 출산을 하느라 한숨 못자 피곤한터라 바로 잠에 들었습니다. 아주 단잠을 두 시간 정도 자고 일어나니 한결 더 가뿐해졌습니다. 출산 소식을 들은 친정 부모님과 시댁 부모님이 오셔서 축하해주시니 정말 세상의 모든 것을 다 얻은 듯한 기분에 한껏 들떴습니다.

이렇게 호들갑을 떨며 아이와의 첫 만남을 가졌습니다. 아이는 신기한 듯 사람들의 얼굴을 돌아가며 쳐다보며 눈 맞춤을 하였고, 눈 맞춤을 하는 것이 신기한 어른들은 서로 눈 한번 맞춰 보려고 손짓이며 얼굴 표정 등을 부산히 움직였습니다. 많은 분들이 즐거워하고 축하해 주었습니다.

출산에 대한 정보를 많이 가지고 있었고 계속 대비를 했지만, 그리 쉬운 시간은 아니었습니다. 처음 겪는 일, 처음 겪는 느낌, 처음 겪는 감정들이라 당황하기도 하였습니다. 침착하려고 노력했지만 뜻대로 되지 않았고, 출산 직전 한 시간 반 정도는 어찌 시간이 지나갔는지 어떻게 했는지 가물가물합니다.

출산만 하면 아이는 자동으로 크는 줄 알고 '아 이제 끝났다'라고 생각했습니다. 병원에 있을 당시 정말 홀가분하고 날아갈 것 같았고, 축하가 거듭되고 축복이 더해지면서 아이를 얻은 행복감에 젖어 있었습니다. 그러나 출산은 끝이 아니고 시작에 불과했습니다.

건강한 모유 수유를 위해

모유 수유의 중요성과 조심해야 할 사항

요즘에는 많은 이유에서 모유 대신 분유를 먹이는 엄마가 많습니다. 수유는 산모와 아이 둘다에게 유익한 영향을 줌으로 최대한 바른 수유를 하셨으면 합니다. 모유 수유만으로도 상당한 에너지를 소비하기 때문에 산모의 체중을 감량하는 데 도움이 됩니다. 그뿐만 아니라, 유방암 예방의 효과가 있고 배란이 억제되기 때문에 난소암에 걸릴 확률이 낮아집니다.

모유 수유는 산모에게만 좋은 것이 아닙니다. 모유에는 아이에게 필요한 풍부한 영양소가 소화되기 쉬운 형태로 녹아 있어, 아이는 냄새도 적고 안정적인 배변을 보입니다. 두뇌 발달에 탁월하고 면역력을 높여 각종 질병을 예방합니다. 또한 아이의 정서 발달과 엄마와의 유대감 형성에도 좋은 영향을 미칩니다. 엄마 품에서 엄마의 심장 뛰는 소리를 들으며 모유를 먹는 아이는, 뱃속에 있을 때처럼 편안함을 느끼며 정서적 안정감을 찾게 되는 것입니다.

모유는 출산하기 전부터 나오는 사람이 있는가 하면, 출산하고 바로 나오는 사람, 출산하고 1주일 후에 나오는 사람 등 모유가 나오는 시기는 사람마다 차이가 있습니다. 초산의 경우 대다수가 출산 후 1~2주 후에 모유가 나오기 시작합니다.

모유 수유는 15분씩 양쪽 젖을 다 물리는 것이 좋습니다. 모유의 앞부분에는 영양분이 많이 있지만, 뒤로 갈수록 물 성분 밖에 없다고 합니다. 그러니 한 번 먹일 때 양쪽 젖을 다 물려야 아이에게 좋은 영양분을 골고루 제공해 줄 수 있습니다. 그뿐만 아니라 한 번 먹일 때 양쪽 젖을 다 물려야, 젖이 불어 넘치는 일을 막을 수 있습니다. 우리의 몸은 신기해서 젖은 먹은 양만큼만 더 생성이 됩니다. 그러니 모유수유는 15분씩 양쪽을 모두 수유하는 것이 아이와 엄마 모두에게 이로운 방법입니다.

엄마는 임신 중과 마찬가지로 모유 수유 중에도 음식을 조심해야 합니다. 엄마가 먹는 것이 아이에게 모유를 통해 그대로 가기 때문입니다. 실제로 엄마가 술을 먹고 모유 수유를 한 후 아이가 사망하는 일이 있었습니다. 흔히 매운 음식을 먹고 나면 아이가 빨간색 변을 보거나 설사를 하기도 합니다. 이것은 엄마가 먹는 모든 영양분이 아이에게 그대로 전해지기 때문입니다. 모유 수유 중에는 임신 중과 마찬가지로 아이와 엄마가 함께 먹고 있는 것 이므로, 음식을 삼가서 먹어야 합니다. 그러니 절대로 니코틴이 들어 있는 담배와 술은 삼가셔야 하겠지요?

힘겹게 자연분만을 했을 당시만 해도 "아이 셋은 거뜬하겠는데요!"라며 농담을 했었는데, 병원에서 퇴원을 하면서 슬금슬금 시작되던 불안감은 친정에서 산후 조리를 시작 하자 현실이 되고 말았습니다.

 병원에서 3일을 보내고 친정집으로 갔습니다. 예정일보다 15일 빨리 나온 갑작스런 출산으로 산후조리원에 자리가 없었을 뿐더러 엄마가 산후조리를 해주시겠다고 하셔서 친정집에서 산후조리를 했습니다. 엄마는 하루 세 끼 갓 지은 따뜻한 밥을 챙겨주셨고 하루에 간식까지 5번 정도 손수 챙겨주셨습니다. 산모는 잘 먹어야 한다며 힘드실 텐데 얼굴 한번 구기지 않으시고 산후 조리를 해주셨습니다.

 그런데 문제는 아들 녀석이었습니다. 병원에서 손이 타서 나온 아들은 안아줘야 잠이 들었고 바닥에 내려놓으면 30분만에 깨버렸습니다. 그리고 깨어 있을 땐 안아 달라고 낑낑거렸습니다. 그 모습이 마냥 예쁜 저희 부모님은 계속 안아주고 놀아 주셨고 이 일의 결과는 한 달 후, 큰 고통으로 다가왔습니다.

 모유 수유 또한 쉽지 않았습니다. 모유수유 할 생각에 젖병도 한 개만 준비했고 분유도 사놓지 않았습니다. 책에서는 모유가 아예 안 나오는 것이 아니고 초유라고 해서 노랗고 진한 젖이 아주 소량 나오는 시기인데 이것만으로 충분하다고 되어 있었는데……. 아이는 그 것만으로는 배가 고파서 계속 보채고 운다는 이야기를 병원에서 퇴원하면서 듣자 당황하였습니다. 그도 그럴것이 엄마의 옆에서 모유만 먹은 아이는 아이의 위가 엄마의 모유량과 비슷하게 커지지만 신생아 실에 있던 아이는 이미 분유로 뱃고래가 커져 있기에 제 초유로는 역부족 이였던 것입니다. 미처 여기까지 생각하지 못했던 제가 당황한 기색이 역력했는지 병원에선 여유분의 분유통과 뜯지 않은 분유 한 통을 주었고, 아이가 바로 먹을 수 있도록 섞어 놓은 분유도 두 개 정도 주었습니다. 부랴부랴 아이 아빠에게 분유병과 분유를 사오라고 하며 정신없이 뭐가 더 필요한가 급하게 준비해야 했습니다.

사전에 다 준비한다고 했는데 제가 몇 개의 책을 보아도 이런 이야기를 해준 책은 없었습니다. 현실은 다르구나! 새삼 느끼게 되었습니다.

일주일 정도 경과 후 아이의 탯줄이 떨어지며 배꼽이 생겼고, 첫 목욕을 합니다. 그 전에는 머리만 감기고 나머지 부분은 수건에 물을 적셔 씻어 주었습니다. 태줄이 떨어지지 않은 상태에서 목욕을 하여도 된다고 하지만 태줄 부위에 물이 안들어 가게 하는 것도 쉽지 않고 소독을 해주어야 하는데 자칫 염증이 생길것 같아 저희 친정 엄마의 방법으로 아이 목욕을 씻겼습니다. 그런데 이때부터 아이는 분유를 거부했습니다. 분유는 안 먹으려 하고 모유는 제대로 돌지 않자, 아이는 자주 깼습니다. 저 또한 수시로 잠에서 깨어야 하는 상황이었습니다. 산후 조리 해 주시는 엄마도, 저도 거의 2주 정도는 잠을 잘 못 잤습니다.

출산 후 2주일이 지나 조금씩 모유가 차기 시작하자, 이번에는 젖몸살을 앓게 됩니다. 출산하는 것보다 이게 더 힘들었습니다. 젖몸살을 잘 풀어 주어야 모유도 잘 나오고 아프지도 않다고 하여, 딱딱하게 뭉친 것을 뜨거운 수건을 대고 풀어 주는 것이 너무 힘들었습니다. 완전 딱딱하고 아프기만 한 상태였습니다. "젖몸살 때문에 둘째를 못 낳겠다."고 신랑에게 이야기할 정도였으니까요. 젖몸살이 지나가자 모유가 잘 나오기 시작하였습니다. 다른 엄마들은 젖이 많이 불어 넘쳐서 고생을 할 때도 전 그다지 많이 넘쳐흐르지는 않았고,

아이가 충분히 먹을 양도 되었습니다.

　아이가 잘 때 엄마도 자야 피곤하시 않습니다. 두 시간에 한 번 씩 모유 수유를 한다는 것은 결코 쉬운 일이 아닙니다. 특히 출산 후 바로 습관을 들이기 힘들고 아이에 대해 많이 서투르기 때문에 아이에게 모유 수유하며 아이를 보는 것만으로 벅찬 시간일 겁니다. 낮에도 아이와 비슷한 패턴을 유지 해야 밤에 모유 수유가 어렵지 않습니다.

　출산 초기 아이는 밤이고 낮이고 2시간에서 2시간 30분마다 수유를 해야 하는 데 낮에 아이를 수유하고 재운 후 이것저것 하다 같이 자지 않은 산모는 밤에 아이 수유하는 것이 쉬운 일이 아닙니다.

　산모의 사이클은 밤에 숙면을 취하도록 맞춰져 있고 아이는 배고파 우니…… 일어나기가 쉽지 않겠지요. 그러니 낮에도 아이가 자면 짬짬이 같이 자고 아이가 깨면 같이 깨어 있어 아이 싸이클에 맞춰야 수유가 좀 쉬울 것입니다.

　아이는 시간이 지나며 먹는 양이 늘어나면서 점점 자는 시간도 길어지고, 엄마 또한 육아 노하우가 생깁니다. 그전까지는 그야말로 '잠과의 전쟁'이라 부를 수 있을 겁니다.

　모유를 먹으며 자란 탓인지 6개월 된 아이는 돌이냐는 소리를 많이 들었습니다. 양쪽 젖을 번갈아가면서 영양분을 충분히 섭취했기 때문이 아닐까 생각됩니다. 지금도 아들은 다른 또래 아이보다 큽니다. 초유와 모유를 잘 먹인 탓에 적절한 성장을 보인 게 아닐까 생각합니다.

모유수유보다
더 큰산, 육아

까다로운 아이와 둘만의 전쟁

    힘겹게 모유 수유에 적응해 갈 무렵 엄마들에게는 더 큰 산이 기다리고 있습니다. 그것은 바로 '육아'입니다. 육아는 힘들고 어려운 만큼이나 소중하고 아름다운 일입니다. 눈에 넣어도 아프지 않을 '내 새끼'이니 소중한 것이고, 내가 잘 키운 만큼 나중에 미래를 이끌어 갈 주역이 될 테니 중요한 것입니다.

    첫 아이이기 때문에 더 어려운 것들이 많을 겁니다. 친정 엄마가 바로 옆에서 도와주셔도 힘든 점이 많은 것이 바로 육아 였습니다. 하물며 혼자서 하면 얼마나 더 힘들겠습니까! 누군가 육아에 대해 물어오면 난감할 때도 있고 생소하고 의문투성이인 것이 바로 육아라 생각됩니다.

    갑자기 아이가 토할 때 놀라서 병원에 달려가는 초보 엄마들이 많습니다. 그러나 토를 한다고 해서 병원에 달려가지 않아도 됩니다. 아이들은 위가 작아서 먹고 나서 트림을 잘 해줘야 하는데 그렇지 않아 토를 하는 것이기 때문입니다. 한참을 안고 트림을 할 때까지 등을 토닥토닥 다독여주어야 합니다.

'출산 후 먹고 싶은 건 다 먹어야지. 아이가 혹시라도 아토피에 걸릴까 봐 매운 것도 잘 못 먹었으니까'라고 생각한다면 오산입니다. 엄마가 먹는 건 아이가 같이 먹는 것이기 때문에 맵고 짜게 먹으면, 그것이 모두 아이에게 가서 아이가 설사를 하기도 하고 자칫하면 엉덩이도 짓무를 수 있습니다.

모유 수유를 할 때엔 다리 사이에 베개를 대어 놓으면 엄마가 덜 힘들뿐만 아니라 아이가 45°정도 기울어진 상태에서 먹는 것이기 때문에 분유의 토사물이 넘어 오는걸 막을 수 있습니다. 그리고 젖이 너무 많아 아이가 버거워 하면 손수건에 조금 짜고 아이에게 물리는 것 등 엄마가 직접 키우면서 터득한 지혜를 전수받아 많은 도움이 되었습니다.

산후조리를 할 때는 엄마가 모든 걸 다 해주시니 괜찮았는데, 한 달 산후조리를 하고 아이와 집으로 돌아오는 날. 그날을 전 잊을 수가 없습니다. 일요일 저녁 신랑과 함께 집으로 돌아왔고 신랑과 같이 있던 일요일은 괜찮았는데 월요일 아침부터가 문제였습니다.

손을 탄 아들은 놀아달라고 보채며 누워 있으려 하지 않았습니다. 4㎏ 정도 되는 아이를 하루 종일 안고 있는 건 보통 일이 아니었습니다. 잠도 손에서 자려고 해서 바닥에 눕히면 바로 깨서 울고불고 하였습니다. 신나게 울고 나면 제풀에 지치겠지 하고 내버려두었지만 아이는 더 자지러지게 울기만 할 뿐이었습니다.

결국 저는 두 손을 들고 말았습니다. 밥을 먹을 수도 없었고, 누워서 쉴 수도 없었고, 앉아서 아들을 안고 있으려니…… 그것도 45°로 세워만 달라고 하니 벌도 그런 벌이 없었습니다.

아이는 아직 익숙하지 않은 손놀림에 불편해 했고, 보채는 통에 이틀 만에 엄마에게 SOS를 쳤습니다. 그렇게 아들의 기 싸움은 완전한 패배가 되었습니다.

한 달도 안 된 아기는 손을 싸두어야 안정감이 든다는데 저희 아들은 손을 싸개에 묶어 놓는 걸 무척이나 싫어했습니다. 잠들었다 싶어 살짝 싸 놓으려고 하면 잠에서 깨 울어대기 일쑤였죠. 그렇다고 안 묶어 놓으면 잠자다 꿈을 꾸면서 손을 번쩍 올리게 되면서 아이가 놀라 경기를 할 수도 있다고 하여 아이 바지 속에 손을 넣어두던가 끈이나 고무줄 등으로 많이 올라가지 않게 살짝 묶어 둘 수밖에 없었습니다.

지금은 오히려 아이가 어디에 손을 넣고 자려고 합니다. 아마 허전해서겠지만 발은 여전히 이불로 덮었다 싶으면 바로 걷어찹니다. 신기하게 어떻게 아는지 모르겠습니다. 한겨울에도 유독 발은 덮어줄 수 없는 실정입니다.

이렇게 까다로운 아이와 둘만의 전쟁을 하려니 이틀 동안 팔이 얼마나 아프고, 손목이 얼마나 아프던지……. 가족이 셋이지만 실질적으로 회사일이 바쁜 아빠는 육아에 전혀 신경 쓸 겨를이 없었습니다. 새벽같이 나갔다가 밤이슬을 맞고 들어와야 하는 통에 처음엔 많이 부딪쳤습니다. 아마 저희 부모님이 도와주시지 않았더라면 저와 저희 신랑이 많이 다퉜을지도 모릅니다. 제가 밥을 먹지도 못하며 육아를 하고 있는데 아빠는 집안일과 육아는커녕 저에게도 관심이 없었고, 오로지 회사에만 관심이 있었습니다. 본사로 발령 받은 지 한 달도 채 되지 않은 상황이어서 배울 일도 많고 할 일도 많았던 그로서도 어쩔 수 없는 상황이었을 겁니다. 하지만 전 너무 속상하고 야속하게만 느껴졌습니다.

출산 후 3개월이 되어야 몸의 기능이 정상으로 돌아오기 때문에 그전에는 무거운 것도 들지 말라고 하는데, 하루 종일 벌이 아닌 벌을 서야 하는 상황이었기에 너무 힘들었습니다. 일 때문에 얼굴 볼 시간 없는 남편이 야속하고, 따뜻한 말 한마디 안 해주는 남편 때문에 더 속상했고 혼자선 감당할 수 없었습니다.

그래서 저희 부부는 친정 부모님의 도움을 받아 육아를 시작하게 되었습니다. 인천 사시는 부모님이 시흥의 집으로 와서 거의 살다시피 하게 되니 아버지의 직장과 거리는 세 배 이상 멀어지게 됐고, 아침에는 한 시간 일찍 나가셔야 했습니다. 정말 부모님의 배려와 감사하는 마음을 어찌 표현해야 할지……

저와 같은 경우가 많이 있을 거라 생각됩니다. 저희야 아버지가 차로 출퇴근을 감수할 수 있는 거리였지만 주변에서 엄마는 딸 집에서 육아를 돕고, 홀로 집에 계시는 아버지도 있다는 소리를 들었습니다. 텅 빈 집에 혼자 식사와 청소를 감당해야 할텐데…… 그것은 자식과 손자를 사랑하는 마음이 있기 때문에 가능한 일인 것입니다.

물론 그렇게 못하고 계신 분들이 자식이나 손주를 덜 사랑한다는 이야기는 아닙니다. 맞벌이를 한다거나 여러가지 개인 사정으로 육아에 도움을 못 줄뿐인 손주 사랑하는 마음은 매 한가지 일 것입니다. 이와 같은 경우에는 엄마가 육아를 전담해야 하는 상황이 발생합니다. 출산으로 몸이 약해져 있는 상태에서 육아와 살림까지……. 스트레스는 이만 저만이 아닐 것입니다. 남편이 잘 도와주는 집은 그나마 좀 괜찮겠지만 남편조차 속을 썩이는 가정에서는 눈물 마를 날 없는 시간을 보내게 될 것입니다.

아이를 둔
이 세상의
모든 남편에게

누구나 산후우울증을 겪는다

산후우울증은 결코 남의 애기가 아닙니다. 이처럼 힘든 임신과 출산, 그리고 육아는 힘 센 장사도 견딜 수 없을 만큼 힘들기 때문입니다. 아이를 낳아 기른 엄마라면 누구든 산후우울증의 위험을 안고 살아가는 것입니다.

산후우울증은 자신이 산후우울증에 걸렸다는 것을 자각함으로써 금방 벗어날 수 있습니다. 출산을 한 엄마들과 이야기를 하다보면 "어느새 내가 아이에게 화를 내고 있더라고요."란 이야기를 자주 듣게 됩니다. 그 순간 '이러면 안 되지' 하지만 금방 다시 반복하게 된다고 말입니다. 그러다가 정도가 심해지면 언어폭력에서 아동폭행이나 자학으로 이어지게 되고, 점점 더 심해지면 아동학대 혹은 자살 등으로 이어지는 것입니다.

따라서 무엇보다 **'출산 후 누구나 산후 우울증을 겪는다!'**는 것을 인식하고 나름의 대책을 세워야 합니다. 산후 우울증을 앓고 있으면 그것을 정면으로 직시하고 자각하여, 자신의 분노와 슬픔을 억제하는 등 감정조절을 하는 노력이 필요합니다.

그러나 이는 산모 혼자만이 감당할 문제가 아니며, 혼자 해결할 수도 없습니다. 가족들은 산모를 세심히 관찰해야 합니다. 주변의 격려와 도움이 필요한 것입니다. 특히 남편은 아무리 바빠도 따뜻한 말로 위로해주고 하고, 칭찬해주어야 합니다. 아내에게 그 어떤 약이나 치료보다 남편의 따뜻한 말과 눈빛이 좋은 약일 테니 말입니다.

남편도 아이가 태어나면 환경 변화로 인해 많은 스트레스를 받게 됩니다. 그러나 아내가 이를 알고 배려하고 있기 때문에 회사 일에 집중할 수 있는 것입니다. 그런데 남편은 아내를 얼마나 배려하고 있나요? 육아와 가사를 분담하며 도와주는 멋진 남편도 있지만, 그렇지 못한 분들이 더 많을 겁니다. 그렇다면 대신해서 해줄 수 있는 것은 무엇일까요? 그것은 바로 따뜻한 말 한마디, 배려하는 말 한마디, 존중하는 말 한마디, 무엇보다 "사랑해"라는 말 한마디일 것입니다.

우리 가정을 유지하도록 지금 가장 많이 희생하고 있는 사람은 아내입니다. 아내를 위해 "고생이 많지?", "힘들지?"하고 한번 이야기해보세요. 아내는 아마 왈칵 눈물을 터뜨릴지도 모릅니다. 아내는 힘을 다해 버티고 있는 겁니다. 우리 가정을 위해, 우리 아이를 위해, 나아가선 우리 미래를 위해. 남의 것이 아니기 때문에 우리의 가정이기에 아내는 온힘을 다해 버티고 버티다 산후우울증을 겪게 됩니다.

물론 호르몬의 영향도 크겠지만, 이렇게 힘든 육아에 대해 도와주는 사람도 없고, 우리 가족 위해서 견뎌내고 있는데 이를 알아주는 사람도 없고, 또 혼자 하긴 힘들어지고…… 그러다 보니 그 정도가 심해지는 것입니다. 남편의 자상한 말 한마디에 아내의 마음에 쌓아 두었던 불만과 옹이가 한꺼번에 무너집니다. "미안해~ 내가 회사일이 너무 바빠 집에 신경 많이 못써서."라고 이야기해 보세요. 아내는 "괜찮아, 당신도 힘든 거 나도 아는데." 할 겁니다.

매일 "왜 이렇게 늦게 와? 일찍 와서 나 좀 도와주면 안 돼?"만 외치던 아내에게 먼저 다가가 보세요. 대화를, 따뜻한 말 한마디를 건네보세요. 아내의 스트레스 지수가 떨어질 것이고, 그로 인해 남편의 스트레스 지수도 떨어질 것입니다. 조용히 "사랑해. 당신이 있어 내가 여기 있을 수 있어. 다 당신 덕분이야."라고 이야기해 보십시오. 분명 아내의 눈에는 눈물이 조용히 흐르고 있을 겁니다. 아내는 그 순간 보상 심리가 채워지고 가정에서 내가 중요한 사람이 됨을 느끼게 됩니다. 자존감을 되찾고 상한 마음이 조금 아물어 가겠지요. 이 과정이 반복되다 보면 산후우울증을 극복할수 있으리라 생각됩니다.

요즘에는 아이 출산 후 우울증을 겪는 남편도 많이 늘어나고 있다고 합니다. 아내가 육아에 전념하면서 모든 것이 아이에게만 집중되고 자신은 회사에 나가 돈 버는 기계로 전락했다는 감정을 느끼게 되는 것이죠. 정도가 심한 엄마들은 밖에 나갔다 들어와 샤워를 하지 않으면 아이를 만지지 못하게 한다고 하니, 남편의 소외감을 충분히 짐작할 수 있습니다. 아이가 위주가 되다보니 먹는 것, 입는 것도 안 챙겨주는 아내! 남편도 속상할 만합니다.

그러나 엄마가 된 아내는 여력이 없습니다. 그것을 이해하고 배려해 주었으면 합니다. 여자는 한 번에 여러 가지 일이 가능하지만 남자들은 한 번에 한 가지 일밖에 못한다는 이야기가 있습니다. 한 번에 여러 가지 일이 가능한 여자들이 오죽했으면 집도 남편도 챙길 수 없는 상황일까요? 그 정도로 육아는 여자들에게 버거운 것이란 뜻은 아닐까요?

아내는 지금 정신이 없습니다. 예방접종에 아이교육, 이유식이다 뭐다 아이는 하루하루 커가며 하루하루 이변이 일어납니다. 감기에 걸리고 가끔 뭐가 나기도 하고 반복되는 특이 증상에 신경이 쓰이고, 거기에 아이의 옷은 어른 옷과 따로 빨아야 할 뿐만 아니라 아이 것은 다 삶아야 합니다. 손수건과 젖병 식기 등 모두 삶아서 사용해야 하지요. 끼니때마다 아이도 먹여야 하고요. 엄마들은 온통 자기 자신도 잊은 채 아이 키우는데 전념을 다하고 있습니다.

집에 들어갔는데 아내의 머리는 엉망에 후줄근한 차림으로 남편을 마중하면 인상 쓰는 남편이 많을 겁니다. 아내는 아이에게 집중하느라 자기 자신을 챙길 수 없었던 겁니다. 그리고 색조화장품과 향수 등은 아이에게 좋지 않은 영향을 주게 되므로 가급적이면 삼가 하게 됩니다. 그러니 예쁘게 꾸미고 있긴 힘들지요.

영재 교육 전문가들은 '아이를 영재로 키우는 방법으로는 항상 아이를 혼자 있게 하지 말라'고 이야기합니다. 집에 들어가 집이 어지러워져 있으면 '아내가 아이와 눈 맞추고 놀아주느라 바빴구나' 하고 생각하셔야 합니다.

특히 아이가 24개월 미만일 때는 예쁜 옷을 입고 꾸미는 것을 상상도 못합니다. 예쁜 옷들은 아이를 안고 돌보는데 불편할 뿐만 아니라, 자칫하면 아이에게 상처를 낼 수도 있기 때문입니다. 화장품은 아이와 얼굴 부비고 뽀뽀하고 하는데 불편하니까 안 바르게 되었고,

머리도 치렁치렁하면 아기를 안았을 때 아이 얼굴에 부딪쳐 가려워서 긁을 수 있기 때문에 질끈 머리를 묶고 다닐 수밖에 없습니다. 게다가 아이가 조금 자라게 되면 머리를 얼마나 잡아당기는지…… 머리를 길게 풀어 멋 내고 다닐 수가 없습니다. 아이들은 알록달록한 색을 보여 주는 것이 좋다고 하여 일부러 옷은 알록달록한 것으로 입으려니 센스있고 깔끔한 옷 보다는 잠옷이나 파자마 같은 것이 더 많았습니다.

그렇게 아이랑 놀다가 정신을 차려 보면 신랑 들어올 시간이 다가오고, 집을 돌아보면 엉망진창도 이런 엉망진창이 없을 정도입니다. 아이들은 정리해 놓은 물건들을 잘 꺼내서 놉니다. 하지만 정리해 놓지 않으면 가지고 놀지 않죠. 그래서 늘 정리해야만 합니다. 그러나 아이가 일어나고 몇 시간 되지 않아 온 집안에 장난감과 책들이 이것저것 여기저기 어지러지게 됩니다.

남편은 이런 모습을 보면서 회의를 느낀답니다. 지저분한 집에 설거지도 안 되어 있고, 저녁준비도 안 되어 있고…… 아내의 모습은 초췌 그 자체이고, 남편이 들어와도 신경도 안 쓰며 아이에게만 온통 정신을 팔고 있는 것 같아 화도 나고 스트레스도 받고…… 그러면서 그 감정이 심해지면 남자도 우울증을 앓게 됩니다.

그러나 이 세상의 남편들에게 이야기하고 싶습니다. 아이를 큰사람, 똑똑한 사람으로 키우고 싶지요? 아내가 그것을 위해 열심히 노력하는 과정에서 어쩔 수 없는 것들인데, 그것을 싫다고 밖에서 술 드시고 늦게 들어오고 집에 와서 짜증을 부리면 아내는 그것을 어떻게 다 참고 받아줄 수 있을까요?

왜 우리나라 사람들의 이혼율이 높을까요? 왜 아이 낳고 싸우는 부부가 많을까요? 찬찬히 생각해 보았습니다. 서로 자기 자신만 생각하는 것도 있지만, 따뜻한 말이 단절되어 그런 게 아닐까 싶습니다. 집이 지저분하면 아내에게 "우리 아기랑 열심히 놀았나봐? 괜찮아, 내가 치울게"하며 스스로 한 번 치워 보세요. "오늘 저녁은 내가 만들어줄게. 뭐 먹고 싶은 거 없어?" 한 번 이야기해 보세요. 아내들 태도가 분명히 달라질 겁니다. 신경 쓰기 위해 좀 더 노력할 것이고 , 남편에게 고마워할 겁니다.

그리고 아내는 밖에서 일 하고 온 남편을 제대로 마중해 주어야 합니다. 남편이 밖에서 열심히 일하고 들어왔다는 것을 인정하고 알아주어야 합니다. "오늘 수고 많았어. 집 정신없지? 이제 당신 왔으니까 우리 아기랑 조금만 놀아줘. 내가 정리할게"라고 먼저 이야기하는 것이 좋을 것 같습니다. 적어도 남편이 들어왔을 때 보는 둥 마는 둥 하는 태도를 보여선 안 될 것입니다.

아내는 남편이 밖에서 열심히 일하고 들어왔음을, 남편은 아내도 집에서 놀지 않고 열심히 육아를 한다는 것을, 서로 인정하고 잊지 않길 바랍니다. 가정 내에 밸런스가 무너지기 시작하면 다툼이 되고, 다툼이 많아지기 시작하면 살기 힘들어집니다. 가정 내 밸런스를 어떻게 맞춰 나가는지는 부부가 같이 생각하고 이야기하면서 맞춰가야 할 것입니다.

따뜻한 말 한마디, 나를 알아주는 말 한마디에 서로 쌓여 있던 감정이 정리되고 서러운 마음이 사그라집니다. 표현해야 합니다. 가슴에 담아두지 말고 '사랑한다' 이야기하고 '고맙다' 말하며 '미안하다'

어루만져야 합니다.

　말하지 않으면 상대방의 기분을 알 수 없습니다. 표현을 해야 서로에게 도움이 됩니다. 집에 들어와 잠자기 바쁜 사람들은 서로 외로워하고 그 외로움을 다른데서 보상 받으려고 합니다. 그러나 표현을 하면 '외로움'이라는 단어는 사라질 것입니다. 지금 당장 서로 표현해 보세요. 다른 사람의 충고나 의사의 약보다 남편이나 아내의 따뜻한 말 한마디가 서로에게 얼마나 큰 위로가 되는지, 얼마나 큰 에너지가 되는지…… 아내 혹은 남편이 먼저 해 주길 기다리지 말고, 지금 당신이 먼저 시작해 보세요. 그 효과는 실로 대단할 것입니다.

　우울증은 '마음의 병'입니다. 너무 힘든 경험을 하게 되고 아픈 시간을 보내다 보면 누구나 생기는 병입니다. 그런데 이 우울증은 따뜻한 말, 나를 알아주는 말에 약합니다. 관심을 가져주면 점점 수그러들고 누그러듭니다. 외롭다, 힘들다, 답답하다는 생각에서 시작하여 우울증이 되는 것이라 생각합니다.

　여자는 결혼을 해서 아이를 갖게 되고 출산이라는 새로운 경험을 하게 됩니다. 출산이라는 것이 남자들에게는 남의 일이겠지만 여자들에게는 희비가 엇갈리는 시간입니다. 여자가 출산을 하기 위해선 360개의 뼈가 벌어져야 하고 그것을 지지하는 근육이 이완되어야 합니다. 이런 경험은 남자들은 해 보지 못하는 것이지요. 생각해 보세요. 근육이 놀라면 얼마나 아픈가요? 달리기 하다 말을 삐끗해 인대가 조금 늘어나면 얼마나 아픈지 생각해 보십시오. 발을 조금 삐끗해도 잘 걷지 못하는데, 출산은 무려 360개의 뼈와 마디가 다 이완되고 그 근육이 다 움직여야 하는 과정이라니…… 그 고통은 '눈앞이 노랗다'란 표현이 왜 나왔는지 알 수 있을 정도입니다.

출산 이야기를 하면 흔히 '여자는 대신 군대 가지 않잖아요!' 하는 철없는 말을 하는 사람도 종종 있습니다. 정말 철없는 말입니다. 어찌 '한 사람을 태어나게 하는 출산이라는 과정과 군대를 동일시 할 수 있을까?' 생각하게 하는 대목입니다.

남자는 여자와 근육과 골격이 모두 달라 힘이 세고 근력도 강해서 여자보다 남자가 효율적이기에 군대에 가는 것입니다. 군대에 다녀온 사람은 회사에서 월급을 더 받고 있으며 군대에 다녀오지 않은 사람과 차등을 주고 있습니다. 그런데 출산한 여성들은 회사에서 내몰리기 일쑤이고, 기피 대상 1순위입니다.

남자가 군대를 가게 된 것은 아내가 아이를 낳고 돌보는 동안 나라를 지키기 위함입니다. 아이를 낳는 것도 여자이고, 아이를 키우는 것도 여자이며 남자들이 할 수 없는 부분이 있기에 남자들은 나라를, 여자들은 가정을 지켰던 것입니다. 그런데 요즘 '여자는 군대에 안 가잖아요'라는 이야기가 들릴 때마다 정말 울컥합니다. 군대에 가는 2년을 아이 키우는 20년에 비교할 수 있을까요? 군대에 들어가는 절차를 아이 출산하는 과정과 비교할 수 있을까요?

아이를 내 몸 안에 열 달 동안 온전하게 안전하게 품고 있는 과정은 그 어떤 것과도 비교할 수 없습니다. 임신한 10개월 동안 여자는 모든 것을 조심해야 하고 먹고 싶은 것도 가려 먹어야 하며 모든 것을 통제해야 합니다.

임신 초반에는 별 차이를 못 느끼지만 임신 4~5개월부터는 어지럼증은 기본이고 화장실 가는 횟수도 늘어날 뿐만 아니라 잠자는 것도 불편합니다. 그렇게 뱃속에서 아이를 키워 세상에 나오는 과정이 수월하냐? 그것 또한 아닙니다. 아이가 어느 정도 자랐기 때문에 아이가 크면 클수록 엄마는 힘들어집니다. 초산의 경우 진통 시간이 더 길고 평균 20시간 진통을 겪어야 출산하게 됩니다. 남자들이 생각하는 것 이상의 고통을 여자들은 느끼고 출산을 하는 것입니다. 출산 후 태반이 다 나와야 통증은 사라지게 됩니다. 회음부가 찢어지며 출산을 하기 때문에 다 아무는 데까지는 출산 후 3주 정도 걸리고 그 후에는 또 젖몸살을 앓게 됩니다.

이렇게 기나긴 통로를 지나고 나면 다른 고비가, 또 넘기나 싶으면 다른 고비가 기다리고 있습니다. 출산을 치른 여성은 그 가치를 인정해주고 내우 받아야 할 것입니다. 그것이 현새의 저출산 사회를 탈피할 수 있는 방법이 될 테니까요.

요즘에는 가족 분만이라 하여 분만실에 남편도 함께 들어가 출산하는 과정을 지켜보고 아이의 탯줄도 잘라주는 의미 있는 의식을 하고 있습니다. 이는 출산이 여자 혼자만이 아니라 아빠도 같이 느껴야 한다는 취지에서 진행되고 있습니다. 실제로 출산을 겪는 아내를 보고선 둘째는 낳지 말자고 하는 아빠들이 있고, 분만 중 기절을 하는 아빠도 있다고 하니 그나마 인식이 많이 바뀌고 있는 실정입니다.

출산 후 산후우울증을 심하게 겪는 사람들은 다른 사람의 개입 없이는 그 우울증에서 헤어나기 힘들고 병원에서 약물의 도움을 받아야 하는 상황이 오기도 합니다. 앞에서 이야기했듯이 그것은 여자들뿐 아니라 최근에는 아빠들에게까지도 산후우울증 증상이 나타난다고 합니다. 날카로워진 아내는 아이에게 온통 신경을 쓰고 아빠로서의 역할은 금전적·정신적으로 강요를 받다보니 스트레스로 인한 아빠들의 우울증이 발생하게 되는 것입니다.

문제는 이러한 산후우울증이 심해지는 사례일 것입니다. 혼자서는 그리고 남편이나 아내의 노력에도 불구하고 나아지지 않거나 감정조절을 하지 못하는 부분이 생겨, 아동학대나 자학으로 이어지면서 가정의 문제를 벗어나 사회의 문제까지 확대되는 추세입니다.

개인적으로 저도 출산 전 산후우울증이란 단어는 나와 별개라고 생각을 했었습니다. 그러나 출산과 육아과정을 경험하고 나니 출산을 한 사람이라면 누구나 한 번쯤은 산후우울증을 경험하는 것이 아닌가 생각됩니다. 호르몬의 변화로 인해 감정의 기복도 평소와 같지 않고, 출산 스트레스와 육아 스트레스로 인해 '안 겪으래야 안 겪을 수 없다'는 것이 저의 생각입니다. 산후우울증은 겪느냐 안 겪느냐가 아니라, 그 정도가 얼마나 심한지 심하지 않은지의 차이이지, 출산 후 누구나 겪는 일 일입니다.

부모님으로부터 육아 도움을 많이 받았는데도 산후우울증을 경험하게 되었습니다. 감정 조절이 잘 안 되고, 갑자기 화가 나고, 지나치게 예민해져서 병원에서 우울증이라는 진단을 받고 약을 먹은 건 아니지만, 산후우울증을 겪고 있었습니다. 호르몬의 변화와 스트레스를 경험하게 되며, 예전과는 달라진 몸매, 밖을 자유롭게 다니지 못하는 답답함, 얼굴의 변화 등 모든 것이 거슬렸습니다. 그때 '이 아이만 아니었어도 이러고 있진 않을 텐데……' 하는 생각이 들었습니다. 앞에서도 이야기 했지만 어떻게 얻은 자식인데, 얼마나 소중한 아이인데, 그런 모든 걸 다 망각하고 머릿속에 저런 생각이 들었습니다. 그 순간 '아! 산후우울증을 겪고 있구나!' 하고 생각했습니다.

매일 늦는 신랑에 대한 불만, 육아를 도와주시는 엄마와의 마찰, 육아에 대한 스트레스에 예민해져 뾰족한 송곳처럼 날이 섰습니다. 그래서 누가 한마디만 하여도 울거나 화를 내는 일이 많아졌습니다. 감정 조절도 잘 안 되고, 마냥 기분이 나쁘고, 작은 말에도 상처를 받고, 뭐든 감정적으로 대하게 되고…… 정말 뾰족한 송곳이란 표현이 딱인 그런 순간이었습니다.

그때 부모님께서는 "우리 아이가 이렇게 날카로운 아이가 아닌데 날이 많이 서있네" 생각하셨다고 합니다. 날이 서있는 저를 신랑은 더 힘들어 하였고 우리 부부의 골은 깊어져 가기만 했습니다. 그러다 화장실에서 내 얼굴의 잡티를 보며 '얼굴 참 많이 망가졌네' 생각하다 '아이만 아니었다면……' 생각이 들며 불현듯 '산후우울증'이란 단어가 머리를 강타하였고 전 자각을 하게 되었습니다.

정신이 번쩍 들었습니다. '정말 이러면 안 되는 건데' 하는 생각과 '아 나도 어쩔 수 없구나' 하는 생각…… 나는 산후우울증이라는 단어에서 예외 일거라 생각했었는데 예외가 아니었음을 깨닫게 되었습니다. 산후우울증은 혼자서 육아를 하는 사람에게만 걸리고, 원래 기복이 심한 사람 혹은 스트레스가 심한 사람만 걸리는 줄 알았습니다. 활발하고 긍정적이며 낙천적인 성격상 산후우울증이란 단어는 거리가 먼 것, 아니 상관없는 단어라고 생각하였기 때문입니다.

그 후 남편과 조용히 대화를 시도해 보았습니다. 신랑은 요즘 부쩍 내가 화도 잘 내고 너무 예민해져 있어서, 말과 행동을 조심하다 보니 자연적으로 집에서 말수도 없어지게 된 거라고 말했습니다. 신랑과 이야기를 하며 나의 행동을 돌아보니 행동도 거칠고, 순간순간 짜증을 내고, 화도 잘 참지 못하고, 가끔 아이에게도 짜증 아닌 짜증을 내고 있는 나를 볼 수 있었습니다.

'이러면 안 돼!' 머릿속은 멍해졌습니다. 오히려 마음은 좀 가라앉는 것 같았습니다. 그 시기가 출산하고 6~8개월 사이였습니다. '산후우울증은 사람마다 시기와 정도가 다를 뿐, 누구나 한 번은 겪는구나!'라는 생각이 들었습니다.

이런 감정에서 벗어나기 위해 '산후우울증을 겪고 있다'라고 인정을 하고, 마음을 다스리기 위한 노력과 더불어 순간순간 감정 컨트롤이 안 되고 화가 나거나 눈물이 날 땐 혼자 조용히 "산후우울증, 산후우울증" 하며 중얼거리며 되뇌었습니다. '내 진짜 감정이 아니라 우울증으로 인해 예민해지고 과격해지는 거야! 정신 차리자! 감정 추스르자! 할 수 있다! 할 수 있다! 정말 울고 싶은가 생각해 보자! 이렇게 화를 낼 정도로 짜증이 나는가? 생각해 보자! 짜증이 나는 이유는 무엇인지 생각해 보자! 냉정하게 나를 보자!' 생각하며 심호흡을 크게 하고 나면, 신기하게 진정이 되고 금방 화도 누그러지며 아이에게도 집중할 수 있었습니다. 그렇게 저도 산후 우울증을 경험하고 극복하였습니다.

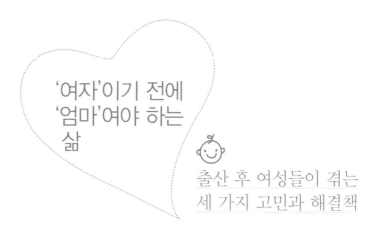

‘여자’이기 전에
‘엄마’여야 하는
삶

출산 후 여성들이 겪는
세 가지 고민과 해결책

출산 후 육아 경험이 없는 초보 엄마는 시행착오를 겪게 되고 육아에 대한 스트레스는 증가하게 됩니다. 이런 문제를 국가에서 도와주기 위해 출산 도우미 정책 등을 운영하고 있으나 너무 미미한 도움이란 생각을 합니다. 출산 후 여성들이 고민하는 것을 크게 세 가지로 분류할 수 있습니다. 첫째는 육아에 대한 고민이고, 둘째는 자신에 대한 고민, 셋째는 가정에 대한 고민입니다.

1. 육아에 대한 고민

육아를 하는 기술과 방법의 부족으로 힘듭니다. 하늘에서 뚝딱하고 아이가 떨어진 것은 아니지만 뱃속에 있던 아이가 실제로 눈앞에 태어나 한 번도 해보지 않은 사소한 일들이 너무 많아 당황하게 되고, 아이가 조금이라도 울고 보채면 어디 아픈 건 아닐까 걱정하게 되는 것이 사실입니다.

이는 육아에 대한 경험이 없는 초보 엄마들이 겪는 당연한 느낌입니다. 주변에서 둘째를 낳으신 분들은 "처음에는 다 그래! 둘째 낳아 봐, 아무것도 아니야." 이런 말을 많이 들어 보았을 겁니다.

첫째는 태교도 잘 하고 먹는 것도 가려 먹이고 교육도 더 신경 쓰지만 둘째부터는 그러지 않는 분들도 주변에 많습니다. 첫째라 더 잘 하려고 하는 것도 있고, 몰라서 매뉴얼대로 하려는 것도 있기 때문에 이런 일들이 생기는 것 같습니다.

첫 아이이기 때문에 나름대로 공부를 하였으나 자잘하고 사소한 육아에 대해서는 모르는 것이 더 많았습니다. 이제껏 공부했던 태교 강의나 책과는 정말 많은 차이가 있었던 것입니다. 아이가 태어나고 배꼽이 떨어져야 목욕을 할 수 있다는 것을 몰랐습니다. 책에는 배꼽에 물이 들어가지 않게 씻기고 소독해 주라고 되어 있었기 때문입니다. 그러나 실제로 일주일 정도는 세수와 머리를 감기는 정도만 하고 그 이외의 부분은 간단하게 손수건으로 씻기는 것이 좋다는 엄마의 방법을 따랐습니다.

출산 직후 아이들은 통감을 못 느낀다고 하는데 아이가 내 앞에 있으니 아픈 것도 다 느끼는 것 같았습니다. 이처럼 나름대로 공부를 하였으나 자잘한 사소한 육아 의문증이 많았고 모유 수유 하는 것도 쉽지 않았습니다.

어른들은 아이를 낳아 키우신 지 오래 되어서 기억이 가물가물 하시다고 하셨고 그때와 지금의 육아 패턴이 맞지 않는 것들도 많았습니다. 그러나 어디 가서 물어 볼 데가 없었습니다. 개개인이 다른지라 나만의 방법 나와 아이와 맞춰가기 위해 많은 시간이 필요했고 시행착오도 겪게 되었습니다. 그때마다 어디다 물어봐야 할지 고민이 되었습니다. 인터넷 지식인에 물어 보았으나, 정말 알고 싶은 정보를 찾는데 시간도 많이 걸렸고, 그것을 찾기도 쉽지 않았습니다. 이렇듯 출산 후 겪는 어려움이 많은데 2주~한 달 산후도우미 지원은 아주 작은 처방이 아닐 수 없습니다.

이 문제의 해결방안으로 각 보건소 혹은 가족지원센터 등에 육아 전문가를 두어 자문을 구할 수 있도록 하는 것이 많은 사람에게 도움이 되지 않을까요?

전문 상담가를 배치하여 상담을 청하는 것이 자연스러운 문화로 인식되게 자리 잡는 것입니다. 전화로 혹은 보건소에 가서 예방접종을 할 때 등 누구나 의문이 생기면 쉽게 전문가에게 물어 보면 조금 속이 시원하고 명쾌할 것 같습니다.

전문적으로 알고 배운 사람이 제대로 된 정보를 엄마에게 주어야 하고 엄마는 그것을 토대로 자녀와 나에 맞는 육아법을 행해야 합니다. 맞는 방법을 배우고 올바른 방법으로 육아를 해야 하기 때문입니다. 그러나 현재는 무슨 일이 생기면 엄마나 주변 친구 혹은 병원 등에 전화를 하여 알음 짐작으로 하고 있으며, 물으면서도 '이게 맞나? 이렇게 하면 되나?' 하는 의문점을 가지게 되는 것도 사실입니다.

병원에 가면 이유는 설명해 주지 않고 무조건 괜찮다라고만 이야기 해 주지만 정작 엄마는 괜찮지 않은 것 같아 고민 합니다. 이유를 설명해 주지 않기에 의문점이 더 생기는 것 같습니다. 명확히 묻고 답을 들을 수 있다면 그래서 바른 방법의 육아를 할 수 있다면 금상첨화 일 것 입니다.

또 다른 고민은 한정된 공간에서의 생활입니다. 다시 말해 거의 집에 갇혀 지내게 됩니다. 이유는 여러 가지가 되겠지요. 너무 어린아이를 데리고 다니는 것은 아이의 면역을 떨어뜨리고 도처에 온갖 바이러스의 위험이 도사리고 있기 때문에 아이에게 좋지 않으니 엄마가 희생을 하는 것입니다. 게다가 아이를 데리고 짐을 들고 다니자니 힘든 것도 사실이겠지요. 옛 문헌에는 삼칠일 즉 21일 동안은 조심해야 한다고 되어 있습니다. 현재 의학에서도 100일 전 많은 사람이 있는 곳은 피하라고 권고하고 있습니다.

산모와 아이의 건강을 위해 당연히 그래야 하지만 이 시간이 참 길고 답답하고 힘듭니다. 100일이 넘어서도 아이와 딱히 갈 곳이 없습니다. 친구를 만나는 것도 아이 때문에 힘들고 산책의 시간도 한정되어 있습니다. 그로 인해 엄마는 TV와 친해지게 되고 아이와 둘만의 시간이 길어지면서 답답함, 외로움 등을 겪으면서 산후우울증까지 발생하게 되는 것입니다. 아이들 또한 TV에 많이 노출되면서 어린나이에 TV중독에 걸리기도 합니다.

이렇게 답답하고 힘든 육아를 조금이라도 도와주기 위한 방법으로 '공동육아'를 생각해 보았습니다. 예전에는 대가족이라 집에서 출산을 하고 나서도 밖에 나가 일도 하고 사람구경을 할 수 있었습니다. 그러나 가족이 점점 핵가족화 되면서 엄마가 아니면 아이를 볼 수 없는 상황이 됐습니다. 그러면서 엄마들은 집에 갇히게 되고 아이와 씨름을 하면서 감정이 울퉁불퉁해지는 것이지요. 그러다 가끔 히스테리를 부리고 아이에게 혹은 가족에게 짜증을 내기 시작하면서 문제가 생기는 것입니다.

제가 거창하게 '공동육아'라고 했는지는 모르겠지만 각 지역별로 동사무소, 파출소, 보건소, 가족지원센터 등의 공공장소에 유아와 출산한 엄마들만 출입이 허락되는 공간이 생긴다면 어떨까요? 흔히 '노인정'에 가보면 할머니, 할아버지 분들이 옹기종기 모여 이야기도 하고 식사도 하시는 것처럼, 돌 전 아이와 엄마를 위한 '아기정'이 생겼으면 합니다.

각 지역별로 산모들을 위해 마실 장소가 생겨서 공감대가 생성되고 아이에게 좋은 프로그램 혹은 엄마에게 좋은 프로그램을 개발하여 행해진다면 엄마들이 덜 답답하지 않을까요?

이 방법에서 발생되는 문제점이 바로 위생입니다. 각 관공서에는 청소를 하시는 분들이 계시고 그분들에게 조금 교육을 하면 크게 문제가 되지 않을 겁니다. 관리는 아까 제가 위에서 언급한 '육아 전문가'가 한 명씩 배치되어, 아이 육아에 관한 궁금증을 물어보면 알려줄 수 있는 시스템을 갖추어 '육아 전문가'로 하여금 관리하게 하면 어떨까요?

그리고 이 '아가정'은 일정 기간 출생한 아가와 산모 이외에는 출입을 제한해야 할 것 입니다. 이 또한 '육아 전문가'가 관리하고 통제한다면 크게 문제가 되진 않을 것 같습니다.

기거나 걷기 시작하면 외출하거나 친구를 만날 수 있습니다. 정작나가지 못하는 기간은 거의 출산 후 산후 조리를 마치고나서부터 6개월 전이 가장 심하고, 6개월 이후부터는 잠깐 아이와 산책은 가능하나 친구를 만나지 않는 이상 갈 곳이 없습니다. 또래 아기들이 있는 다른 집에 가면 민폐가 되는 경우도 있습니다. 이런 현상은 아이의 첫돌 때까지 이어지는 것 같습니다. 아이의 면역력이 약하고 밖 공기도 좋지 않으며, 나가고 싶어도 마땅히 아이를 데리고 갈 곳이 없기 때문입니다.

이 기간에 아이를 위해, 엄마를 위해, 모르는 걸 알아가고 공감대가 형성되고 아이의 친구, 엄마의 친구를 만들어 줄 수 있는 장소가 생긴다면 육아를 하는데 많이 도움이 될 것이라 생각됩니다.

현재 우리나라에서 산후우울증 치료에 금전적인 지원을 하고 있습니다. 산후우울증 발생 후 아이들 심리치료 혹은 가정복지등으로 연계가 되고 있는 것입니다. 그러나 이는 '소 잃고 외양간 고치는 것'이지요. 이 보다는 '아이정'과 같은 산후우울증 예방에 이러한 금전적 지원을 하는 것이 더 효과적일 것입니다.

장소를 임대하는 것이 아니기 때문에 장소임대의 비용이 들지 않고 청소관련 문제도 해당 관공서에 청소를 해주시는 분들이 계시기에 문제되지 않으나 '육아 전문인'을 채용하는 부분에서 비용이 발생합니다. 이 부분이 정말 문제가 된다면 출입을 하는 산모에게 일일 천원, 이천 원 정도 부과를 하면 어떨까 하는 생각도 해 보았습니다.

육아 부담, 출산 경험, 개인적 고충, 답답함, 외로움 등을 공감하고 털어 놓는다면 아마 조금은 육아가 덜 힘들지 않을까요? 제가 이런 이야기를 친구에게 하니까 친구가 저보고 이런 체인을 만들어 사업을 해보라고 합니다. 엄마들이 좋아할 것 같다고 말입니다.

그러나 개인이 시작을 해서 1호점, 2호점 등 체인 사업을 하면 이것이 정착되기까지 많은 시간이 소요됩니다. 어쩌면 일부 지역에만 국한될 수도 있고, 이윤을 남기기 위해 조금은 더 많은 사용료를 부담하게 될 것입니다. 따라서 여러모로 개인이 나서서 하는 것보다는 국가가 앞장서서 국가의 복지 정책으로 이루어지면 좋겠다는 생각을 하게 되었습니다. 많은 산모들이, 그리고 많은 아기들이 하루 빨리 행복하고 즐거운 시간을 보낼 수 있었으면 합니다.

돌아보면 출산 후 6개월 정도는 사람이 많은 곳이나 먼지가 많은 곳은 가지 않았습니다. 또 그 무렵에 신종플루라는 독감이 유행하는 바람에 더 나가지 못하였습니다. 또 나가려고 해도 막상 갈만한 곳이 없어, 어디를 가야 할지 많이 고민되었습니다.

친구 중 또래 아이를 낳은 친구가 있어도 멀어서 갈 수 없었고, 집에 친구를 부르자니 어지럽혀져 있는 집에 손님을 초대해야 하는 것이 엄두가 나지도 않았습니다. 동네에 또래 아이가 있는지 없는지도 모르겠고 누구와 이야기를 하고 같은 공감대를 형성하려고 해도 만날 수 있는 장소도 방법도 없었습니다.

아이에게 친구를 만들어 주고 싶어도 문화센터를 다니기 전에는 불가능한 것이 현실입니다. 화장실에 갈 때도 혼자 있는 아이가 혹여나 뒤집진 않을까, 토하진 않을까 화장실 문을 열어 놓고 볼일을 보거나 혹은 안거나 업고 봐야 하는 경우도 있습니다. 혼자 육아를 하는 엄마는 혼자서 밥을 먹고 아이를 챙기고 하루 종일 이야기를 하지 못해 입에 곰팡이 생길 것 같다는 소리를 할 정도입니다. 이렇듯 아이를 낳으면 방에 처박히는 신세가 됩니다. 아이를 위해 엄마가 희생을 하는 것이지요. 그래도 행복하다고 말하는 게 바로 엄마입니다. 아이들이 세상에 태어나줘서, 아이들이 건강하게 자라나줘서……

그런 엄마들을 위해 국가 차원에서 도움을 줄 수 있는 방법을 모색해 봐야 할 것입니다. 앞에서도 나름대로 '아가정'이라 지칭한 곳에선 정기적으로 아이 마사지, 부모교육, 육아교육, 유아교육과 육아정보, 더 나아가서는 엄마들의 취미 수업 등이 행해지면서 '아이를 어떻게 대하고 어떻게 키워야겠다' 혹은 '육아 후 내가 할 수 있는 것은?' 생각을 하게 될 것입니다. 그리고 그로 인해 인재 창출까지도 이어질 수 있으리라 생각됩니다.

핵가족화 되면서 엄마와 둘이 하루 종일 있어 예민한 아이들이 많이 생겨나고 있다고 합니다. 엄마가 없으면 불안해하고, 보이지 않으면 울어 버리는 '엄마쟁이' 아이들이 많아진 것입니다. 이를 방지하기 위해 TV를 보여주는 사례도 늘어나고 있습니다. 그로 인해 일어나는 폐단을 생각해 보셨나요? 아이들은 TV에 열중하고 있고 엄마들은 아무 생각 없이 아이를 보게 되는 현실을 바라보시기 바랍니다. 여러 사람이 있는 곳에서 아이를 자라게 하면 사회성도 자라게 될 것이고 엄마와 아이, 그리고 육아, 가정, 나아가 나라에 많은 도움이 될 것입니다.

외국의 경우에는 '베이비시터'란 직업이 보편화 되어 많은 가정에서 베이비시터를 구해 아이를 돌보고 있습니다. 그러나 우리나라의 경우엔 경제적 요인과 의식적인 문제 등으로 베이비시터를 구해 육아를 하는 경우가 드뭅니다. 예전 우리 선조들에게도 육아를 도와주는 '유모'가 있었습니다. 그러나 우리나라 엄마들은 대부분 혼자서 감당하고 있습니다. 일주일에 한 번이라도 자신과 비슷한 처지에 놓인 사람을 만나서 이야기할 수 있는 곳이 있다면, 또 그곳에 가면 육아 전문가가 있어 잠깐 편히 화장실이라도 갈 수 있다면, 그곳에서 엄마의 친구, 아이의 친구가 생기게 되면 어떨까요? 육아의 시간이 빨리 지나간다는 생각이 든다면, 그래서 육아 스트레스가 줄어든다면, 이게 바로 성공한 것 아닐까요?

그것이 나아가 부모교육, 바른 육아, 바른 교육, 인재육성에까지 영향을 미치게 된다면 그 파급력은 제가 상상하는 것 그 이상이 될 것입니다.

2. 자신에 대한 고민

임신과 출산을 경험하면서 산모는 체형의 변화, 호르몬의 변화, 가족의 변화 등을 겪게 됩니다. 결혼하기 전에는 나 위주의 삶이었고, 결혼한 후 부부만 있을 경우에도 서로 이해만 하면 '나'위주의 삶이 가능했습니다.

그러나 출산 후에는 전적으로 아기 위주의 삶이 시작됩니다. 자는 것, 먹는 것, 생활하는 것 모든 것이 아기 위주가 됩니다. 아기가 자는 시간에 자고 아기가 깨어나면 아이에게 수유를 해야 하고 아이와 놀아 줘야 합니다. 그렇다고 아이가 자는 시간에 다 잘 수도 없습니다. 아이가 자는 시간에 엄마는 집안일도 해야 하고 아이 먹을 것도 만들어야 합니다. 그러다 보니 늘 잠이 부족해지고, 얼굴이 푸석푸석해지는 것이지요.

그러던 어느 날, 문득 거울을 보았습니다. 출산 후 3개월 정도 되었을 때인 거 같습니다. 밖에 나가 햇볕을 쬐고 다닌 것도 아닌데 얼굴엔 기미가 가득했습니다. 정말 거울을 보고 싶지 않을 정도로 기미며 주근깨가 다닥다닥 했습니다. 그러면서 천천히 거울에 비친 모습이 눈에 들어옵니다. 임신하면서 체중이 불어 임신 전 옷은 입을 수 없음은 물론이거니와 체형이 울퉁불퉁해 졌으며, 턱은 두 개에 눈도 작아지고 얼굴에 기미잡티까지…… 정말 자괴감이 오는 순간이었습니다. '내가 왜 이러고 있지?'라는 생각과 함께 '어떻게 해야 하지?' 하는 생각이 들었습니다.

임신하기 전에도 날씬한 편은 아니었지만 임신 중반에는 거의 살이 찌지 않았습니다. 그런데 후반기에 들어서면서 아이가 작다는 소리를 자주 듣게 되고 8~9개월에 접어들었는데도 2.5kg이 넘지 않는다는 소리를 듣게 되자 아이 살을 찌우기 위해 많은 양을 먹었습니다. 그로 인해 막달 한 달 사이 5kg 넘게 살이 붙었고, 다행히 아이는 3kg으로 태어났지만 전 후덕한 살을 얻게 되었습니다.

어른들은 모유 수유를 하면 저절로 빠진다고 하셨습니다. 실제로 모유 수유를 해서 많은 살이 빠졌지만 예전의 몸매를 되찾기에는 역부족이었습니다. 돌 잔치가 다가오자 작심하고 다이어트를 하여 날씬해졌었으나 급작스런 다이어트로 요요까지 오고 말았습니다. 결국 거울에 웬 낯선 여인네가 서있었지요.

정말 당황스러웠습니다. '이렇게 추해지는 구나' 싶으면서 '남편이 나를 어떻게 생각할까?' 하는 궁금증까지 생겨날 정도였습니다. 제가 봐도 제 모습이 너무 싫었습니다. 그래도 이때는 아이 낳은 지 얼마 되지 않았다는 위안과 얼마 후면 다시 예전의 모습으로 돌아갈 것이라는 희망이 있어 그나마 참을 수 있었습니다.

출산을 한 후 서너 달, 자신의 모습이 자각될 때가 있습니다. 그제야 아이에게 적응이 좀 되고 스스로 자신이 눈에 들어오기 시작하는 것입니다.

이와 같은 생각을 하는 사람이 많을 겁니다. 출산 후 몸의 변화와 얼굴의 변화, 직장도 다니지 못하고 아이 때문에 액세서리는 물론 예쁜 옷도 입을 수 없게 됩니다. 시간이 지나 그때 당시 사진을 보면 스스로가 외면하고 싶은 생각이 들 정도라고 할까요?

차츰 아이가 커가면서 이런 감정들은 많이 괜찮아집니다. 살도 빠지고 예쁜 옷도 입게 되고 점점 자신을 추스르게 되지요. 그러나 불어난 몸이 예전 임신하기 전의 몸으로 완전히 돌아가진 않습니다. 개인적으론 임신하면서 막달에 살이 갑자기 찌면서 살이 많이 튼 탓에 이젠 비키니는 입을 수 없을 것 같습니다. 특히 배꼽 아래 부분이 많이 터서 스스로 보기에도 좀 보기가 싫은 게 사실입니다.

여자는 출산을 하면서 자신을 잃어가고 변해가는 과정을 겪습니다. 이런 과정에서 좌절을 하며 우울증을 겪기도 합니다. 이때 필요한 것이 무엇일까요? 남편의 따뜻한 말은 기본이겠지만, 이 같은 경우엔 **자존감을 되찾는 것**이 무엇보다 중요합니다. 자존감! 자신이 스스로를 사랑해야 하는 감정입니다.

세상에서 남자가 하지 못하는 일을 한 당신이고, 하나님께서 모든 아이를 보살필 수 없기 때문에 이 땅에 보낸 존재입니다. 하나님 대신 아이를 돌보고 있는 것이지요. 얼마나 대단한 일을 하는 것인가요?

아이는 자라면서 세상을 이끌어 가는 리더가 될 것이고, 그 인재를 키우는 엄마입니다. 우리 스스로가 자긍심을 갖고 '난 다른 누구도 할 수 없는 일을 지금 하고 있다' 생각하며 스스로 자존감을 회복해 나가야 합니다.

일은 아이 키워 놓고도 할 수 있지만, 아이는 키우는 시기가 있습니다. 들에 쌀이나 콩들도 심는 시기가 있듯이 아이도 키워야 할 시기가 있다는 것입니다. 아이의 인성이나 감성 혹은 성향을 키워주는 시기는 정해져 있습니다.

개인적으로 초등학교 3학년 정도까지는 아이를 엄마 품에서 키워야 한다고 생각합니다. 초등학교 3학년이 지나면서는 스스로가 할 수 있는 부분이 많아지기 때문에 엄마가 아이를 챙기는 것도 줄어들고, 아이도 혼자서 많은 부분을 할 수 있기 때문입니다.

유치원에 어느 정도 적응할 7살 무렵에는 손이 많이 가지 않습니다. 그런데 초등학교에 들어가면서 1학년 때는 아이들이 처음 학교생활에 어려움을 겪을까 봐 반나절밖에 수업을 하지 않기 때문에 학교에서 일찍 데리고 와야 합니다. 유치원은 차량운행을 하지만 초등학교는 차량운행을 하지 않기 때문에 학교까지 데려다주고 집으로 데려오는 일을 해야 합니다. 학교를 가는 길도 익혀야 하고 학교생활에도 적응하는데 필요한 시간을 3년 정도로 보는 것입니다.

그런데 이 시기에 엄마가 맞벌이를 하게 되면 아이는 혼자서 학교에 다니면서 외로움을 겪게 됩니다. 그래서 친구들과 어울리게 되고 엄마의 통제를 벗어나게 되는 것입니다. 아이 혼자 자라면서 일찍 철이 든 아이들이 있는가 하면, 그와는 반대로 탈선을 하는 아이들이 있습니다.

이런 과정을 거치지 않으려면 엄마가 엄마로서의 역할에 충실해야 합니다. 다른 누군가가 대신할 수 없는 영역이기 때문입니다. 그러므로 엄마는 자긍심을 가지고 인내하며 아이를 키워야 합니다. 생계 때문에 직장을 다녀야 하는 경우는 어쩔 수 없지만 그렇지 않고는 최대한 직장과 아이 육아의 밸런스를 맞춰야 합니다. 아이를 키우는 것 또한 중요한 일이니까요.

출산을 경험하면서 겪는 신체의 변화와 더불어 일적인 부분으로 인해 스트레스를 받는 여성이 늘고 있습니다. 하지만 이는 자신의 노력으로 충분히 극복할 수 있으므로 조급하게 생각하지 말고 시간이 지나서 제2의 인생을 산다고 생각하면 어떨까요?

또 다른 방법은 목표를 정하는 것입니다. 육아를 하면서 나만의 목표를 정해 놓고 그것을 향해 한발 한발 나아가는 것입니다. 육아를 하는 기간이 있으니 조금씩 천천히 한다고 생각하고 준비한 후 실천해 나간다면, 육아를 하는 기간이 아깝다는 생각도 덜하고 힘든 것도 덜어줄 것입니다.

육아를 하면서 같이 준비를 해야 하기 때문에 유치원에 보내기 전에는 많이 힘듭니다. 아이가 깨어있을 땐 아이에게 집중해야 합니다. 따라서 아이와 함께 할 수 있는 것을 선택합니다.

예를 들면, 아이가 어렸을 적에는 북 아트에 관심이 있었습니다. 아이가 그림을 그리고 색칠을 하면서 아이도 동참할 수 있었으니까요. 아이와 함께 집에서 가위질 풀칠을 하며 만들기를 할 수 있을 뿐만 아니라 간단한 책을 만들 수 있어서 북 아트에 관심을 두었습니다.

그러다 보니 아이에게 제대로 된 책을 만들어주고 싶었습니다. 아이 돌 때 컴퓨터 포토샵으로 작업하여 만든 책에 관심을 가지게 되었고, 짬짬이 책을 만들게 되었습니다. 포토샵을 통해 이야기에 맞는 아이 얼굴이나 표정을 고르고 스토리를 넣어 책을 편집하는 작업입니다.

일명 엄마표 책! 이 작업을 하다 보니 때로는 동이 트는 줄도 모르고 푹 빠져 있었습니다. 아이는 자신의 얼굴이 들어가 있는 책을 보며 신기해하였고, 그 책을 꼭 끌어안고 자기도 하였습니다. 자신의 얼굴이 들어간 책을 특별하게 대하는 모습을 보며 아이에게 책을 재미있고 즐겁게 만들어줄 뿐만 아니라 소중한 추억까지 더할 수 있는 일이라 생각이 되어 십여 권에 이르는 책을 만들게 되었습니다. 그렇게 시작한 책 만들기 작업이 시초가 되어 지금 이 글을 쓰고 있게 된 것이지요.

육아를 하는 동안 개인의 목표를 정해서 남는 시간을 최대한 그것에 집중하다 보면 육아 스트레스를 줄일 수 있습니다. 그리고 배우자를 마냥 기다리지도 않게 됩니다. 우울할 시간도 없고, 나만의 시간을 보내고 나면 아이에게도 더 집중할 수 있게 되지요. 남편에게 투정을 부리지 않으니 남편과의 관계도 좋아집니다. 나만의 목표를 향해 지금도 달려가고 있는 저는 여전히 바쁘고 즐겁습니다.

3. 가정에 대한 고민

아이를 출산한 후 몸은 무겁고 아이 보느라 피곤해도 할 일이 많습니다. 시간이 많은 것 같으나 아이 뒤치다꺼리를 하다보면 하루가 빨리 지나갑니다. 그러다보니 신랑에게 신경을 못 쓰게 되고 밥도 따로 잠도 따로 자는 경우도 발생합니다. 가사 일에 대한 고민도 문제지만 신랑과 겪는 감정의 대립 혹은 이해관계의 불일치 등 주로 신랑과의 불화가 더 큰 고민으로 다가옵니다.

여성은 출산을 하면서 관심사가 온통 아이로 변합니다. 이는 호르몬으로 인한 아이에 대한 보호 본능 때문입니다. 아이는 의사표현을 못하고 혼자서는 아무것도 못하기 때문에 엄마는 아이의 손과 발이 되어주어야 하며, 혹시 아프기라도 하면 어쩔까 바람 불면 날아갈세라 노심초사지요.

이 과정에서 아빠는 자기 자식이라 예쁘긴 하지만 엄마의 관심이 온통 아이에게만 가 있어서 서운함과 외로움 심지어는 허탈감까지 든다고 합니다. 일찍 니가 하루 종일 일하고 늦게 들어오는 신랑이 안됐고, 밤에도 아기가 울면 잘 잠을 못자기 때문에 미안한 마음에 했던 행동이 오히려 아빠에겐 상처가 된 것입니다. 표현하지 않았기에 발생하는 오해입니다.

저도 마찬가지였습니다. 늦게 오는 신랑을 위해 아이는 일찍 재우려 했고 자다가 아이 울음소리 때문에 잠을 설칠까 봐 방을 따로 썼습니다. 신랑이 코를 심하게 골아서 예민한 아이가 자꾸 잠에서 깼기 때문에 같이 자기도 힘들었습니다. 그렇게 시간이 지나다 보니 신랑은 거의 하숙생 수준이 되고 말았습니다. 아침에 출근한때 잠깐 얼굴을 보고, 하루 종일을 밖에서 생활하고 저녁에 들어와 들어왔다는 인사와 잠깐의 대화가 신랑과의 전부였습니다. 그러고 나면 나는 아이와 같이 안방으로, 신랑은 작은방으로 가서 잠을 자니 이게 무슨 부부인가 싶은 생각도 들 정도였습니다.

이때 신랑 역시 허전함과 약간의 외로움을 느꼈다고 합니다. 아이 때문이긴 하지만 왠지 자신이 가족 구성원이 아닌 느낌도 들었다는 것이지요. 그렇다고 달리 방법이 있는 것 같지 않았기에 참았답니다. 그러다가 때론 아이를 보는 것도 중요하지만 자신도 조금은 챙겨주어야 하는 것 아닌가 하는 생각에 조금씩 짜증이 나기 시작했고, 어느 순간 툭툭거리는 반응으로 혹은 무관심으로 표출되었다고 합니다.

저는 신랑이 왜 그러는지 알지 못했습니다. 도대체 뭐가 문제인지 시간이 지나고 차분히 앉아서 이야기하고 난 후에야 내가 너무 아이에게 치중하여 신랑에게 무신경했던 것이 미안해졌습니다. 신랑 또한 회사 때문이라곤 하지만 무신경해서 미안하다며 서로 이해와 화해의 시간을 가졌습니다.

이렇듯 대부분의 가정에서 아이가 태어나고 이해한다는 이성과 서운한 감성이 부딪치는 경우가 있습니다.

'집안일은 해도 티가 안 나고, 하지 않으면 티가 확 나는 일이다'라고 우스갯소리로 엄마들이 이야기합니다. 하루 이틀 정리하지 않으면 집안은 난장판이 되고, 이삼일 화장실을 청소하지 않으면 누런 물때가 끼고, 잘 먹지 않는데도 한두 번 설거지를 하지 않으면 설거지통에 그릇들이 쌓이게 됩니다.

제때 해 놓으면 현상유지이고, 한두 번 미루면 눈에 거슬리고 지저분해 보입니다. 엄마들은 많은 일을 하다 보니 미처 하지 못 할 때가 있는데, 아빠들은 회사에 다녀와서 어지러져 있는 거실, 화장실, 싱크대 등을 보면 짜증이 나는 분들이 계신다고 합니다. '아이 보면서 이것도 못하냐?'라고 직설적으로 이야기 하시는 분도 계십니다. 하루만 바꾸어서 해보세요. 아니 몇 시간만 해 보세요. 어떻게 될까요?.

아이들은 두 시간에 한 번씩 먹고 싸고 합니다. 수유하고, 기저귀 보고, 트림시키고 좀 놀다보면 졸리다 징징됩니다. 그럼 아기재우다 쪽잠자게 되고 24시간 동안 2시간에 한번 일어나 이 과정을 해야 한다고 생각해 보세요. 아이들은 밤에도 먹고 쉬나 응가도 합니다. 좀 많이 먹거나 트림을 안 시키면 토하기 일수 입니다. 그럼 그거 치우고 옷 갈아입히고 정말 정신없죠!!

특히 아이가 기어 다니기 시작하면서 온 집안에 남아나는 것이 없다는 이야기가 많습니다. 서랍을 열어 옷장을 헤집어 놓기도 하고 싱크대 안에 들어가 있기도 하고 쌀을 쏟기도 합니다. 잠깐 엄마가 화장실에 가거나 세탁기에 세탁물을 넣는 사이 이와 같은 문제가 발생합니다. 그래서 엄마는 편히 화장실에 가서 볼일도 못보고, 밥도 허겁지겁 서서 먹고, 설거지는 아이를 업고 한다거나 재우고 하는 상황이 발생합니다.

또 이 시기에는 아이들 이유식을 먹여야 하죠. 보통 고민이 아닙니다. 의학적으로는 '아이는 미각이 발달되었으나 소금을 접하지 않아서 소금을 넣지 않고 흰죽부터 시작한다고 되어 있습니다. 흰죽을 통해 미각이 생성이 되면 이후 고소한 맛과 느끼한 맛 등을 느끼게 됩니다. 흰죽이 끝나고 난 후 바로 사과나 과일 같은 종류로 죽을 먹여서는 안 됩니다. 과일로 먼저 죽을 만들어 먹이고 나중에 야채를 먹이려고 하면, 아이는 다 뱉어내고 먹지 않으려 합니다. 사과나 배와 야채를 섞어 죽을 만들어 먹이려고 해도 귀신 같이 알고 먹으려 하지 않습니다. 이미 아이가 과일의 단맛을 알아 버렸기 때문입니다.

흰 살 생선부터 붉은 생선으로 6개월부터 시작된 이유식은 12개월이 되면서 밥으로 먹일 수 있게 하는 과정입니다. 아이의 식습관에서 정말 중요한 부분을 차지하는 일이므로 중요하게 생각하고 신중을 기해야 합니다.

또한 이 시기에 아이에게 알레르기가 생기는 음식 혹은 아토피 등이 생기는 음식이 있나 잘 살펴봐야 합니다. 아기 음식은 정말 깨끗하고 정확하게 조리해야 하기 때문에 손도 많이 갑니다.

이렇다보니 6개월이 넘어가면서부터는 집안이 더 난장판이 됩니다. 아이는 활동을 하며 더 늘어놓고 엄마는 못 치우는 상황이 발생하는 시기입니다. 집안일을 잘 도와주는 배우자라면 걱정이 없습니다. 하지만 퇴근하고 들어와서 잔뜩 어지럽혀져 있는 집을 보고 아내에게 "집이 이게 뭐냐? 좀 치우고 살아라!"라고 이야기를 노골적으로 하며 싫은 내색을 팍팍 내는 남편이 주변에 의외로 더 많습니다. 이런 말을 들은 아내의 기분은 어떨까요? 아내는 아이와 사투를 벌이고 있었는데 남편이 좋지 않게 이야기 하면 아내는 많이 속상하고 억울하기까지 할 겁니다.

어느 날 신랑에게 반나절만 아이를 봐달라고 하고 외출을 한 적이 있습니다. 신랑은 반나절 만에 "나 그냥 회사 가서 돈 벌어 올래!"라며 백기를 들었습니다. 아이는 아빠의 손이 불편해 울고, 배고파 울고, 기저귀가 찝찝해 우는데 아빠는 그것을 잘 알아차리지 못하고 잘 챙겨주지 못하니까 아이의 짜증은 더해졌고, 결국 저희 부모님이 가셔서 아이를 돌봐 주었습니다.

아빠들은 서툴러서 못하고, 엄마들은 익숙하니까 잘한다? 이것은 잘못된 생각이라고 말하고 싶습니다. 자꾸 해야 능숙해집니다. 엄마도 처음에는 어떤 게 맞는 방법인지 몰라 서투르고 막막하기도 했습니다. 잘 못하니까 아이가 불편해하고, 자꾸 울며 보채는 것은 당연한 과정입니다.

엄마는 자주 아빠에게 '이거 해 달라', '저거 해 달라' 이야기하며 부탁해야 합니다. 아빠에게도 배울 기회를 주어야 나중에 아기를 보는 일이 가능한데 평상시에는 기저귀조차 안 갈아 주다가 '나중에 아기 좀 봐줘!' 했을 때 아빠는 못하는 것이 당연하겠죠. 엄마가 모든 것을 다 해야 한다는 생각을 가지고 육아를 하기 때문에 육아 스트레스도 더 받고 힘들어 지는 것입니다.

육아와 집안일 모두 다 잘 하는 것은 많이 힘든 일입니다. 아빠들에게도 아이를 양육하는 방법을 알려주어 같이 양육을 한다면 엄마는 육아 스트레스가 줄 것이고 아빠는 엄마를 이해하는 부분이 늘어나 서로 부딪치는 일이 줄어들 것입니다.

남편도 서툴더라도 자꾸 아기를 안아보고, 기저귀도 갈아보고, 씻기는 것도 해 보아야 요령과 노하우도 생기게 되고, 아내를 이해하고 도와줄 수 있는 것이지 말로만 하는 육아는 전혀 도움이 되지 않습니다. 집에 들어왔는데 설거지가 쌓여 있으면 조용히 설거지를 해 보세요. 아내는 진심으로 고마워할 겁니다. 서로 이해하고 배려한다면 아내가 하고 있는 가정의 걱정을 줄여줄 수 있습니다.

제 삼자가 개입이 된다고 문제가 발생이 안 되는 것도 아닙니다. 제 삼자가 있어도 부모님이 계셔도 가정의 트러블은 생깁니다. 이 부분은 서로 같은 것을 해 보고, 같은 것을 느껴야 해결되는 부분입니다. 아이에 모든 것을 공유한다고 생각하시고 남편분도 아내분도 노력하셔야 합니다.

아이는 혼자 만들어서 혼자 낳는 것이 아닙니다. 같이 만들었지만 열 달 동안 엄마 혼자 뱃속에 키웠고, 출산 과정에서도 엄마 혼자 통증을 감당하여야 했는데, 세상에 태어나서 양육 또한 엄마 혼자의 몫이라면 엄마는 감당해 내지 못할 겁니다. 같이 낳아 같이 키우는 것이 육아입니다. 엄마만의 아들이 아니고 엄마만의 딸이 아닙니다. 아이들이 엄마만 찾는다면 엄마에게 떨어지지 않으려 한다면 아빠는 반성해야 합니다. 아이에게 외면당하고 있다는 걸 아셔야 합니다.

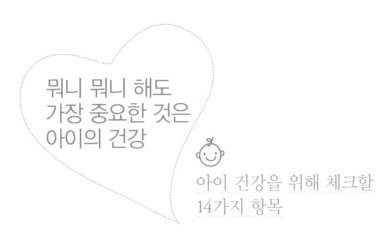

뭐니 뭐니 해도
가장 중요한 것은
아이의 건강

아이 건강을 위해 체크할
14가지 항목

　엄마들의 고민이 앞에서 이야기한 세 개 뿐이면 좋겠지만 이것은
빙산의 일각에 불과합니다. 엄마들은 아이가 태어나면 아이에 대한
고민이 더 크기 때문입니다.

　아이에 대해 걱정 또한 크게 세 가지로 나눌 수 있습니다. 첫째는
먹이는 것, 둘째는 교육하는 것, 셋째는 아이의 건강입니다. 그중 제
일 중요한 것이 건강인데, 이는 먹이는 것과 연관이 있습니다. 어떤
것을 먹이느냐가 아이에게 많은 영향을 미치기 때문입니다.

　아이가 태어나면 모유(분유)-이유식-완료기식(밥)을 먹는 과정을
거칩니다. 이 과정에서 면역력이 생성되고 그 면역력에 의해 아이의
건강이 좌우 됩니다. 초유에 함유된 다량의 면역력이 아이에게 중요
하다는 건 다들 알고 계실 겁니다. 유아기 때 면역력이 제대로 생성
되지 않는다면 아이가 감기를 달고 살게됩니다.

　저희 아이가 그 상황입니다. 저희 아이는 면역력 A 결핍이라는 판

정을 받았습니다. 6개월 무렵 제가 골반염이 재발하여 입원을 하게 되었습니다. 산부인과에서 모유에 지장이 없는 항생제를 쓰겠다고 하였는데, 모유가 부족했던 건지 항생제가 아이한테 영향을 준 건지 토실토실하던 아이는 기운이 빠졌고 황달이 오면서 철분부족이 생겼습니다.

이유식을 잘 먹고 있었는데도 철분부족으로 철분 수치가 너무 낮아서 대학병원으로 가보라고 할 정도였습니다. 이 시기 아이들이 철분부족에 잘 걸리는데, 이는 잘 먹지 않는 아이에게 나타나는 증상입니다. 이유식도 잘 먹고 있었고 , 또래 아이보다 커서 6개월인데 돌쯤으로 볼 정도인 아이에게 철분부족이라니…… 전 당황하였습니다. 철분부족 판정을 받은 후 아이는 바로 감기에 걸렸습니다.

미루어 짐작해 보면 이 시기에 면역력이 형성되는데 제가 입원하는 바람에 아이에게 좋지 않은 영향분이 공급되어 아이가 면역력이 생성되지 않았던 것이 아닌가 싶습니다.

건강이라는 것이 먹는 것만으로 해결되는 것은 아닙니다. 물론 아이는 아프면서 크는 것이라는 말이 있습니다. 안 아프고 자랄 수도 없고, 또 아프면서 면역력이 생기기 때문이라지만 엄마의 심정은 '정말 안 아프고 컸으면 좋겠다'라는 생각을 합니다.

아이 건강을 위해 체크해야 할 14가지 조건을 소개합니다.

1. 아이의 기초체온을 체크한다

보통 우리는 사람 체온이 36.5˚라고 알고 있습니다. 그러나 이는 말 그대로 평균 수치입니다. 사람마다 기초체온이 다릅니다. 저는 36.5˚가 안 되는 35.9˚가 평균 체온입니다. 저희 신랑은 36.4˚이고, 저희 아들은 35.8˚입니다. 기초체온이라고 하는 것은 평상시에 체온을 측정하여 나온 평균 체온입니다. 아이의 기초 체온을 알아두면 아이가 미열이 나더라도 쉽게 파악할 수 있습니다.

태어나자마자 아들은 36.4˚ 정도 되었습니다. 태어나자 마자 아기들의 체온이 조금 높다고 하는데 저희 아이는 그렇지 않았죠! 그러더니 어느 순간부터 35.8˚를 유지하고 있습니다. 병원에서는 저희 아이 같은 경우엔 37.7˚가 넘어가면 해열제를 먹이라고 이야기해 주셨습니다. 미리 아이의 기초 체온을 측정해 놓는다면 도움이 됩니다.

2. 아이의 손발 체온에 민감하라

아이들은 보통 손발이 따뜻합니다. 수족냉증을 앓는 아이는 드뭅니다. 아이가 졸리면 손발이 더 따뜻해지고 아이가 추울 땐 어떨까요? 손발이 차가워지겠지요. 감기는 바로 이때 걸립니다. 아이의 손발이 갑자기 차면 머리에 열이 나는지 체크해 보시기 바랍니다. 만일 열이 나는 것이 아니면서 손발이 차가우면 아이 옷을 걸쳐주거나 혹은 따뜻하게 감싸 주어야 합니다.

요즘 여자 아이들 같은 경우 옷이 짧아지는 경우가 많습니다. 이 같은 경우 커서 자궁이 차가워질 수 있습니다. 따라서 여자 아이는 몸이 따뜻하다 느낄 정도로 옷을 입히는 것이 좋습니다.

남자아이 같은 경우에는 좀 서늘하다 싶게 입혀 다니는 것이 좋으나 면역력이 약한 아이는 따뜻하다 생각이 들 정도로 입혀 다니는 것이 좋습니다. 남자의 고환은 차갑게 해주는 것이 좋습니다. 남자 아이들은 군대에 가서 추위도 견뎌야 하므로 추위에 강해지는 것이 좋겠지요.

기초 체온이 좀 높으면 추위에 강하니 기초체온이 높은 아이들은 서늘하게 키우고, 기초체온이 낮은 아이들은 추위를 많이 느끼므로 좀 따뜻하게 키우는 것이 좋습니다.

3. 아이의 패턴을 알아보자

아이들은 아프기 전 꼭 전조 증상을 보입니다.

저희 아이는 감기가 오기 전 일단 입맛이 없어지는지 먹는 양이 줄어들고, 변비가 생깁니다. 혹은 다리에 멍이 생기거나 작은 상처가 빨갛게 변하여 아물지 않는 상황이 되고, 짜증이 심해집니다. 그러다 좀 심해진다 싶으면 기침을 한두 번씩 하고, 콧물을 흘립니다.

평상시와 다른 점을 유심히 관찰하면, 아픈 경우 더 많이 먹는 아이도 있고, 또 계속 자려고만 하는 아이도 있습니다. 또 엄마한테 안기려고 하는 아이도 있고, 묽은 변을 보거나 화장실을 자주 가는 등 아이들만의 특징을 찾을 수 있습니다. 그 특징을 찾아서 관찰하고 패턴을 알아두면 조금 더 신속하게 대처할 수 있습니다.

아이가 기침을 좀 한다 싶어서 내일은 병원에 가봐야지 혹은 며칠 지켜봐야지 했다가 낭패를 볼 수도 있습니다. 항생제를 많이 안 먹이고 키우고 싶은 것이 엄마고 부모라 생각합니다.

그러나 병원에서 조차 면역력이 한 가지가 없는 아이 같은 경우 엄마들이 한발자국 빨리 움직이라고 이야기 합니다. 면역력이 없고 많이 예민한 아이는 하루에도 어떻게 변할지 모른다고 이야기 합니다. 면역력이 겁핍인 아이들은 하루 이틀 만에 상태가 안 좋아지므로 서둘러서 병원에 가야 합니다. 하루 정도만 지체해도 밤에 기침하며 토하고 그렁그렁 하며 숨도 제대로 못 쉬는 상황으로 번질 수 있기 때문입니다.

4. 아이의 작은 변화에 민감하라

어느 날 문득 아이가 평상시와 같지 않을 때가 있습니다. 물론 아이들도 사람인지라 짜증이 나는 날이 있고 유난히 기분 좋은 날도 있겠지요. 그러나 제가 이야기하는 것은 아이의 기분이 아니라 행동입니다.

아침에 일어나서 구취가 심하게 날 때, 평상시에 골지 않는 코를 골고 잘 때, 화장실에 자주 갈 때, 귀를 자주 만지거나 코를 자꾸 만질 때 등 아이들이 평상시와 같지 않을 때 주의 깊게 보아야 합니다.

감기약을 늘 달고 사는 아이가 어느 날부터인가 구취가 심하게 나기 시작하여 병원에 간 김에 이야기를 했더니, 아이들도 어른과 마찬가지로 위가 좋지 않을 때 구취가 난다며, 나쁜 균이 자라고 있는 것이라고 이야기 했습니다. 그래서 감기약과 더불어 위장약을 섞어서 처방 받았지요.

또 하루는 아이가 소변을 너무 자주 보는 것 같아서 화장실에 따라가 보니 고추 끝이 염증이 있었고, 평상시 안 골던 코를 골고 자면 축농증의 전조증상이며, 자면서도 귀를 자꾸 만지기에 이비인후과에 데리고 갔더니 새끼손톱만 한 귀지가 한쪽에서 나오고, 다른 한쪽에는 작은 머리카락이 들어가 있었습니다.

아이들은 아직 표현이 서툴러서 일일이 이야기하지 못하므로 엄마들이 아이들의 작은 몸짓을 관찰하여 아이가 몸으로 하는 이야기를 잘 해석하고 알아들어야 합니다.

5. 땀을 많이 흘리지 않도록 해준다

"우리아이는 워낙 더위를 많이 타서……."

땀의 종류도 여러가지 입니다. 땀을 많이 흘리는 아이의 엄마들 대다수가 이렇게 이야기합니다. 그러나 아이가 땀을 많이 흘리는 것이 그리 좋은 것은 아닙니다.

뛰어서 나는 땀, 더워서 나는 땀과 더불어, 식은땀이라고 하는 평상시에 뛰지도 않고 덥지도 않은데 땀을 흘리는 경우도 있고, 자면서 땀을 많이 흘리는 경우도 있습니다. 모든 아이들이 여러 종류의 땀을 많이 흘리며 살고 있지요.

땀이 나는 것만으로는 그리 큰 문제가 되지 않지만, 땀이 식으며 서늘해지면 아이들은 감기에 걸리게 됩니다. 심한 감기는 아니라도 콧물이 먼저 나오게 되지요. 그러니 아이들도 음양의 조화에 맞게 땀을 조절해 주어야 합니다.

뛰어 노는 아이들이 땀을 흘리면 일단 옷을 한 겹 벗겼다가 다 뛰고 나면 땀이 식기 전에 옷을 입혀 체온을 유지해주어야 합니다. 이 경우, 아이들은 덥다며 옷 입기를 거부하더라도 아이를 잘 설득해서 꼭 옷을 입혀야 합니다.

또 날씨가 덥거나 실내가 더워서 나는 땀이라면 옷을 벗겨서 체온을 일정하게 유지하여 땀이 나지 않도록 해주고, 식은땀을 흘리는 아이는 이유가 무엇인지 명확하세 확인해 봐야 합니다.

일단 밤에 땀을 많이 흘리는 아이는 자는 동안 지나치게 방이 덥거나 두터운 이불을 덮어주는 것은 아닌지 확인을 합니다. 방이 더운 것도 아니고 두꺼운 이불을 덮거나 옷을 두껍게 입히지 않는데도 땀을 흘리며 자는 아이는 신장기능이 약하거나 체력이 떨어져서 식은땀을 흘릴 수 있으므로 가까운 한의원을 추천해 드리고 싶습니다.

아는 지인의 아이도 더위를 많이 타고 땀도 많이 흘려서, 밤에 잘 때도 그냥 더워서 그러려니 하며 식은땀을 흘리며 자는 것을 그냥 두었다고 합니다. 하루는 아이가 자면서 식은땀을 많이 흘리기에 물어보았더니 "원래 자면서 땀 많이 흘려" 하고 대답하기에 조르고 졸라서 한의원에 갔습니다. 평상시 그 아이는 입이 좀 짧긴 하지만 잘 먹고, 잘 놀고, 잘 자는 어디 아픈 곳 없는 아이였습니다. 그러나 한의원에 가서 진료를 받은 결과 아이는 신장이 약하고 체력이 떨어져 있

는 상태여서 식은땀이 많이 나는 것이라고 하였습니다. 그날 바로 한
약을 지어 먹였고 그 후 아이는 식은땀을 흘리지 않고 잘 지내고 있
습니다.

아이들의 땀의 종류를 파악하여 대처해 주셔야 합니다.

6. 계란과 우유는 매일매일 먹인다

우유는 성장기 아이들에게 꼭 필요한 음식이고 계란 또한 많은 영
양소를 가지고 있어 하루에 한 개 정도 먹이라고 권하고 있습니다.

그러나 특이 체질인 저희 아이는 우유 알레르기가 있습니다. 그래
서 우유를 먹이지 못합니다. 어렸을 적 분유 또한 먹지 못하고 자랐
습니다. 그것을 대체할 음식이 필요했고 두유로 우유를 대체했습니
다. 그런데 두유만으로는 무엇인가 부족했습니다. 무엇인가 부족한
부분을 채워줄 음식을 고민하던 중, 계란을 떠올리고 매일 계란을 먹
였습니다.

아이는 계란을 유독 좋아했습니다. 너무 많이 먹는 것은 아닌가 하
는 생각이 들 정도였고 계란을 보면 자꾸 더 달라고 하는 통에 매일
먹이던 계란을 덜 먹이려고 숨겨 놓았습니다. 그러던 어느 날 라디오
에서 개그맨 한 분이 하루에 계란 한판을 드신다는 이야기를 들었습
니다. 그래서 그런지 힘이 넘쳐난다며 우스갯소리로 이야기하는 것
을 들은 그날부터 아이에게 계란을 마음껏 먹이기 시작했습니다. 그
분을 통해 계란을 과잉 섭취 해도 탈나지 않는 다는 결과를 얻은 셈
이 되었기 때문입니다.

찐 계란, 삶은 계란, 계란부침이며 계란말이 등 다양한 종류로 요리하여 늘 먹입니다. 아이는 계란을 삶아 주면 앉은 자리에서 다섯 개는 뚝딱입니다. 아직도 너무 많이 먹는 것 아닌가 싶을 때도 있습니다. 하지만 오감이 예민하고 우유를 먹지 못하며 잔병치레를 자주 하는 아이가 그래도 또래 아이들보다 크다는 이야기를 듣는 이유는 이 두 가지 음식 때문이 아닐까 생각합니다.

7. 사탕대신 비타민을 준다

아마 많은 엄마들이 이 방법을 많이 이용하고 계실 겁니다. 아이들은 사탕을 참 좋아합니다. 저희 아이도 초콜릿, 사탕을 좋아하지요.

하지만 아이들은 이런 음식을 먹으면 대번에 티가 납니다. 활동이 많아지고, 약간 들떠있고, 목소리가 커지고, 가끔은 산만해 보이기까지 합니다. 설탕을 많이 섭취한 아이들이 난폭하고 산만하다는 연구 결과도 있습니다. 설탕은 칼슘섭취를 방해해 성장기 어린이들에게 좋지 않은 영향을 줍니다. 그래서 사탕대신 비타민을 주어야 하는 것입니다.

어쩌다 한두 개 먹는 사탕은 크게 문제가 되지 않기 때문에 가끔 밖에서 먹는 사탕은 어쩔 수 없습니다. 남들 다 먹는데 우리 아이만 특이하게 굴고 싶은 생각은 없습니다. 그러나 되도록 집에서는 여러 가지의 비타민을 구비해 놓고 아이가 사탕을 먹고 싶어 하면 원하는 비타민으로 주고 있습니다.

유아기 때는 밖에 나갈 때도 소량의 비타민을 들고 다니는 것이 좋습니다. 아이가 어리다 보니 주변에서 사탕을 주는 경우가 많습니다. 이러한 경우에는 사탕을 감사히 받고 가방에 넣어 집으로 가져오고 아이에게는 미리 준비해간 미타민을 꺼내 주는 방법을 사용하면 됩니다.

8. 손을 깨끗이 해주자

아무리 강조해도 지나치지 않는 것이 이 닦기와 손 씻기입니다.

고대 로마에서는 페스트가 유행을 하게 되고 많은 사람이 목숨을 잃었습니다. 그러나 유태인들은 페스트로 사망한 경우가 드물었습니다. 그래서 페스트를 유태인이 퍼트렸다는 소문이 돌았고 유태인들은 온갖 핍박과 학대에 시달렸죠. 그런데 유태인이 페스트에 걸리지 않았던 이유는 바로 손 씻기 습관 때문이었습니다. 유태인들은 율법에 따라 몸을 깨끗하게 해야 했고, 이것을 꼭 지키는 유태인들은 페스트에 걸리지 않았던 것 이었죠. 이처럼 손 씻는 것만으로도 목숨을 지킬 수 있습니다.

요즘에는 고대 시대보다도 더 많은 병균이 생겨났습니다. 환경오염과 지구온난화로 인해 슈퍼 바이러스라고 불리는 병균들이 생겨나고, 독감은 날로 위험해지고 심해지고 있습니다. 손을 잘 씻는 것이 감염도 예방하고 건강도 지키는 방법이니 손을 깨끗이 씻겨야 합니다.

요즘은 휴대하기 편한 비누도 많이 있습니다 물로 씻기기 어려운 상황이라면 휴지에 물을 묻여서라도 손의 청결에 신경써 주어야 합니다.

9. 곰팡이를 피하라

요즘 곰팡이 균이 사람을 공격한다고 합니다. 모 방송에서 곰팡이에 대해 연구한 결과를 방송하였는데 곰팡이 균이 약으로도 죽지 않고 변이되면서 질병을 만들어 낸다고 합니다.

이사 온 첫해 유난히 아이가 많이 아팠습니다. 전에 살던 집만 생각하고 겨울철 건조를 막기 위해 방마다 화초를 한 개씩 놓아두었습니다. 그 결과 집이 습해지고 곰팡이가 벽에 피기 시작했습니다.

처음에는 화초 때문이라고 생각하지 못했습니다. 겨울을 나고 장마철이 되면서 습한 집을 더 습하게 하는 것이 화초라는 것을 알았습니다. 그닐로 각 방의 화초를 모두 치워 버렸습니다. 한 달에 한 번 제습제를 각방마다 투하를 하고 나름의 방법을 써 습기와 곰팡이를 제거해 나갔습니다. 벽지도 다시 바르고, 단열도 하고, 여러 가지 방법을 동원해 처음보다는 많이 괜찮아졌지만 윗집에서 수도를 틀어 놔 물이 작은 방으로 새 들었던 곳에는 아직은 조금 곰팡이가 핍니다.

벽에 피는 것이야 닦아 내고 치우면 되지만 곰팡이 포자는 공기 중에 둥실 둥실 떠다닙니다. 그러다 습기와 만나면 정착하여 곰팡이를 만들어 내는 것 이지요.

집을 건조하게 하고 환기를 자주하고 제습제와 곰팡이 제거제를 사용해서 곰팡이를 없애야 합니다. 곰팡이 포자가 날아다니면 음식도 금방 상하고 식기에도 피어나기 때문에 여러모로 신경을 써야 합니다. 또 아이의 입에 들어가는 것은 되도록 건조 후 밀봉하여 보관하고 사용하기 전 깨끗하게 씻어서 사용해야 합니다. 곰팡이 균은 코나 기관지등이 취약한 아이들에게 더욱 좋지 않으니 필히 신경써야 합니다.

10. 피곤하지 않게 해주어야 한다

아이들이 흥분을 하게 되면 본인이 가지고 있는 체력 이상의 체력을 소모하게 됩니다. 노는 것에 집중하면서 자신이 힘든 것을 생각하지 않고 뛰어 노는 것이지요. 그렇게 놀고 나면 힘들어하고 피곤해하며 그것이 반복되면 감기에 걸리게 됩니다.

아들 녀석도 놀다보면 과하게 놀 때가 있습니다. 그리고 나면 얼마 있다가 감기에 걸리는 것이었습니다. 이 부분은 아이들 스스로 통제를 할 수 있는 부분이 아닙니다. 부모가 개입을 해서 아이가 좀 지나치게 논다 싶으면 제제를 해 진정시켜 줄 필요성이 있습니다. 다 자란 아이들도 심하게 놀거나 너무 재미있게 논 날은 이불에 지도를 그리는 경우가 종종 있습니다. 그러므로 엄마들이 과하다 싶으면 다른 것으로 시선을 돌려 앉아서 놀 수 있는 방법으로 유도해 주는 것이 좋습니다. 또 수분섭취를 충분히 시켜주고, 실컷 논 후에는 잠을 재워 피로를 풀어 주는 것도 좋은 방법 중 하나입니다.

11. 햇빛을 하루에 30분 이상 보게 하라

햇빛을 보는 것은 어른들에게도 좋습니다. 우울증 예방에도 탁월하고, 우리 몸에 비타민을 생성하게도 합니다. 그러니 아이를 놀이

터에서 30분 정도 신나게 뛰어 놀게 하는 것도 한 가지 방법이겠지요. 엄마와 손잡고 산책을 하는 것도 좋다고 생각합니다. 햇볕을 충분히 쬐면 불면증도 사라진다고 하니 하루에 30분 이상 햇빛과의 데이트를 즐겨보세요.

12. 운동을 하게 하라

하루 30분~1시간 충분히 운동을 해야 아이가 키도 크고 건강해집니다. 성장판은 자꾸 자극해야 키가 많이 자란다고 합니다.

추운 겨울에는 침대에서라도 뛰게 하십시오. EBS에서 방송되는 아이들 체조를 시키는 것도 좋습니다. 방안에서 할 수 있는 운동을 통해 성장과 발육에 도움을 주고, 아이의 스트레스도 풀어주어야 합니다.

신나는 노래를 틀어 놓고 춤을 추거나, 혹은 아빠와 방에서 축구를 하거나, 아이는 침대에서 엄마는 바닥에서 점프를 하면서 아이와 놀아주며, 공감대를 형성하고 아이의 움직이려는 욕구를 충족시키며 운동시켜야 합니다.

그 후 책을 읽거나 공부를 해보면 더욱 집중력 있게 앉아서 책을 봅니다. 아이들은 일정시간 몸을 움직여 주어야 합니다. 움직이고 싶은데 마땅히 할 것이 없으니까 선반에 올라가고 장난이 심해지는 것이 아닐까요?

일본에서는 대다수의 학교에서 아침 일찍 운동을 한 후 공부를 시키고 있으며, 우리나라 민족사관학교는 0교시가 체육으로 이루어져 있습니다. 아침에 운동을 통해 잠을 깨고 뇌를 움직여 공부에 집중할 수 있는 최적의 상태를 만들어주는 것입니다. 아이와 신나게 한번 뛰어보세요. 아이도 나도 즐겁답니다.

13. 아이를 늘 웃게 해 준다

부모가 된다는 것, 엄마가 된다는 것이 얼마나 행복하고 고마운 일인지 느껴질 때가 있습니다.

아이가 아침에 일어나 "엄마 사랑해~" 하며 뽀뽀해줄 때, 속상해하고 있을 때 다가와 가만히 안아줄 때, 감수성이 예민한 아이가 영화를 보거나 책을 보며 감동하여 눈물지을 때 등 시시때때로 아이의 엄마인 것이 감사하고 행복할 때가 많습니다. 아이를 그저 보고만 있어도 입가에는 웃음이 번지는 것이 엄마이고 부모인 것 같습니다.

이렇게 소중한 아이에게 최선을 다하고 싶은 것이 부모의 마음입니다. 그래서 되도록 아이가 즐겁게 생활할 수 있도록 노력해야 합니다. 아이와 장난을 치고, 아이와 장난감을 가지고 놀고, 아이와 만들기를 합니다. 아이의 부모, 엄마이기 이전에 아이의 친구마냥 놀아주는 것이지요. 아이가 웃을 수 있고 즐길 수 있다면 그것만으로 충분합니다.

물론 잘못을 하면 따끔히 야단도 쳐야 합니다. 바른 놀이 방법과 사람들과 어울리는 방법 등도 가르쳐야겠지요. 이것 또한 놀이를 통해 아이가 상대방의 입장에서 생각 할 수 있도록 아이의 행동을 제가 따라해 보기도 하며 아이에게 가르치고 있습니다.

웃음은 우리 몸에 엔도르핀을 돌게 하여 스트레스를 낮춰주고 면역력도 높여주는 방법입니다. 일소일소(一笑一少) 일노일노(一怒一老)라는 말도 있고, '웃으면 복이 온다'는 말도 있습니다. 웃음 바이러스가 아이들에게 좋은 영향을 줌으로 아이가 즐겁게 생활하도록 아이에게 눈높이를 맞추어 아이가 늘 웃을 수 있도록 노력해야 합니다.

14. 아이를 제일 잘 아는 것은 엄마이다

모든 아이를 잘 알 수는 없습니다. 그러나 자신의 아이는 의사보다도 선생님보다도 부모님이 더 잘 압니다. 모든 부모는 자신의 자식에 대해서는 사소한 것까지 기억하고 알고 있습니다. 그러므로 병원에 가서도 조금 더 석극석으로 이야기했으면 합니다.

사람은 개개인이 모두 다릅니다. 저마다 다 다른데 병원에 가면 감기에 걸린 사람은 일반적 감기약을, 다리 아픈 사람은 진통제와 소염제를 일괄적으로 처방하고 있습니다. 이것은 아이들에게도 동일합니다. 물론 아이의 현 증상을 낫게 하는 것이 항생제이긴 하지만 항생제를 사용하면서 근본적인 원인을 없애야 합니다. 예전 동의보감을 보면 '증상만 낫게 하는 것은 의원이 아니며 왜 그 증상이 나타났는지를 생각하고 원인을 치료해 주는 것이 참 의원이다.'라는 내용이 있습니다. 이 말에 100% 동의합니다.

이 문제는 의사 선생님 혼자만으로는 해결 할 수 없습니다. 엄마가 아이의 사소한 것까지 자세히 이야기해야 의사 선생님이 그에 맞는 약을 처방해주는 것입니다.

의사 선생님이 부모보다 많은 의학적 지식을 가졌기 때문에 그분들

말이 전적으로 맞는다고 생각하는 사람이 많을 겁니다. 그러나 의사 선생님도 사람인지라 그 일을 오래 하다보면 그 일에 관행이 생깁니다. 부모의 말을 고만 고만하게 듣고 처방을 하고, 아이의 특성을 고려하징 않은 보편적인 약을 처방해 주는 것입니다.

비단 이 일은 병원에서만이 아닙니다. 학교나 유치원에서도 이런 실수가 발생할 수 있지요. 선생님이 여러 아이들을 파악하는 데는 시간이 걸립니다. 그런 상황에서 아이까지 까다로우면 정말 힘이 들겠지요. 이런 경우 아이와 선생님을 위해 선생님께 아이에 대한 정보를 많이 드려야 합니다. 그것이 선생님과 아이가 빨리 융화될 수 있는 방법입니다. 학기 초 한 통의 손 편지는 어떨까요? 아이의 특징, 버릇을 적어 선생님께 전달하는 것이지요. 무난하고 건강한 아이들은 그다지 이런 과정이 필요하지 않겠지만, 특이사항을 가지고 있는 아이는 필히 아이의 정보를 선생님께 전달해야 합니다. 이를 통해 무심코 발생할 수 있는 사고를 예방할 수 있습니다.

누구보다 내 아이를 잘 아는 것은 엄마라는 사실을 잊어서는 안 됩니다. 그렇기 때문에 내 아이를 위해서 아이의 정보를 간단하고 정확하게 상대방에게 전달할 수 있는 능력을 가져야만 합니다. 그렇다고 주변의 충고나 말에 귀 막고 내 주장만 펼치라는 것은 아닙니다. 아이를 제일 잘 안다고 방치 해서는 안됩니다. 위와 같이 부모가 강하게 아이를 대변해야 할 때가 있고, 아이의 단점을 객관적으로 받아들여 교육해야 할 때가 있습니다. 스스로 아이를 객관적으로 관찰하기 어려울 때에는 선생님들의 조언을 듣고 아이를 바르게 자라도록 교육해야 합니다.

아이와 함께
재미있게
공부하기

놀이와 접목한 교육
10가지 방법

건강과 더불어 중요한 것이 바로 교육입니다. 교육, 참 어렵습니다. 우리 아이만큼은 영재이길 바라는 엄마들이 대다수입니다. 요즘은 영재도 만들어지는 세상이지요. '아이의 성공은 할아버지의 재력과 엄마의 정보력이다'란 이야기가 있을 정도로 요즘에 개천에서 용나기는 어렵습니다.

문득 이런 생각이 들었습니다. '영재가 되면 행복할까?' 처음에는 저도 다른 엄마들 처럼 '아이가 영재였음 좋겠다'고 생각하였습니다. 그래서 태교도 열심히 하였습니다. 그런데 '영재가 행복할까?'라는 의문이 들면서부터는 영재교육을 무작정 따라하는 것을 중단하고 아이가 재미있어 하는 것이 무엇인가, 아이가 호기심을 가지는 것이 무엇인가에 집중하게 되었습니다.

아이는 "엄마" 소리를 빨리했습니다. 아이가 한 단어를 배우기까지 1000번 이상을 들어야 그 말을 한다고 해서 태중에 있을 때부터 '엄마~엄마~' 하고 이야기를 해주어 그런 것인지도 모릅니다. 그것이 신기해서 아이의 청각, 시각을 자극할 것을 찾아서 하는 열혈 엄마였습니다.

단어카드를 일 초에 한 장씩 보여주는가 하면, 음악을 틀어 놓고 노래를 불러주는 등 여러 가지 방법을 사용해 보았습니다. 무엇보다 꾸준히 하는 것이 중요한데 꾸준히 하는 것이 제일 힘이 들었습니다. 성공하는 사람은 '천재여서 성공하는 것이 아니라 꾸준히 포기하지 않았기 때문에 성공할 수 있었다.'라고 말합니다. 그 정도로 꾸준히 한다면 성공할 수 있다는 것 이지요. 그러나 꾸준히 하는 것은 정말 쉽지 않습니다. 하물며 아이가 재미있어 하는 것 같지도 않았습니다. 아이는 눈을 마주치고 놀아주고, 얼러줘야 좋아하는데 매일 무엇인지도 모를 이상한 그림을 보여주고, 영어노래며 클래식을 틀어주니 아이도 시큰둥하였죠. 그래서 하던 것을 다 그만두고 그냥 아이랑 놀아주었습니다. 대신 장난감을 선택할 때 로봇, 칼, 총과 같은 폭력성을 키울 수 있는 장난감은 사주지 않았습니다. 아이가 가지고 싶어 해서 사준 것은 로봇 장난감 한 개 뿐 입니다. 로봇을 좋아하는 아들과 같이 만들 수 있게 블록을 사 로봇을 같이 만들어 주었고, 로봇 장난감도 변신할 수 있는 것을 사주어 스스로 만져 보고 맞춰 보게 하였습니다.

아이가 6개월쯤 되었을 무렵, 스티커를 많이 좋아해 한참 가지고 놀았습니다. 스티커를 보여주고 설명을 해 준 후 스티커를 떼어서 이마, 손, 발등에 붙이면 아이는 그 느낌이 싫어 다시 떼어냈습니다. 그럼 또 다른 곳에 붙여 주었습니다. 처음에는 머리에 붙여 놓으나 머리로 손이 가질 않고 귀로 손이 갔습니다. 귀에 없자 몇 번 시도하다 포기해 다시 떼어 내었다가 머리에 붙여 주었습니다. 그 과정을 세 번 정도 한 후에야 아이는 스스로 스티커를 찾아 떼어낼 수 있었습니다. 아이의 감각이 아직 정확하지 않아 머리에 붙여놓았는데 '귀쯤 붙어 있다'라고 인식한 것입니다. 스스로 찾을 수 있도록 기다려 주었고, 스티커를 찾은 아이는 재미있어라 하였고 또 붙여 달라고 하였습니다. 나중에는 제가 붙여 주지 않자 스스로 얼굴에 붙였다 코에 붙였다 하며 놀았습니다.

스티커를 가지고 노는 것은 손가락의 끝을 이용해야 되기 때문에 손 운동에 됩니다. 힘 조절에도 도움이 되고, 손을 많이 움직이면 두뇌에도 영향을 준다고 하니 일석삼조였지요.

병원에 입원해 답답해하는 아이를 데리고 스티커로 놀아주고 있었는데 의사 선생님이 회진을 돌면서 그 모습을 보고는 "엄마가 별 교육을 다 시키네요. 아이들 두뇌 개발에도 도움이 되고, 촉감과 같은 감각개발에도 도움이 되고…… 좋은 방법인지 어떻게 아셨어요?"라고 묻길래, "교육이 아니고 그냥 아이가 좋아해서 놀아주고 있었어요!"라고 대답했지요. 스티커를 가지고 놀아주면 30분~1시간 차분히 앉아서 그것만 가지고 놀 정도로 아이가 좋아했습니다. 그런데 이 놀이가 여러 가지 감각, 두뇌, 소근육 발달에 좋다고 하니, 아이가 원하면 자주 스티커 찾기 놀이를 했습니다.

이렇듯 놀이와 교육이 접목되니 아이가 재미있어 하였습니다. 아이에게 즐거움을 주면서 동시에 교육도 되는 간단한 방법을 정리해 보았습니다.

1. 영아기 노래 불러주기

앞에서 언급했듯이 아이가 한 단어를 이야기하기 위해선 그 단어를 1000번을 들어야 합니다. 같은 단어를 1000번 이야기 해주기는 정말 어렵습니다. 이 어려움을 해결해 주는 방법으로 노래를 불러 주는 방법이 있습니다. 노래를 불러 자연적으로 반복이 되면서 어렵지 않게 아이와 놀아줄 수 있는 방법입니다.

단어를 잘 모르지만 노래를 알아서 흥얼거리다가 가사를 알아서 따라 부르게 되고, 그러다 단어가 익숙해지는 것입니다. 한글 단어를 반복적으로 따분하게 이야기해서 주입시키기보다는 노래를 불러주고 춤도 추며 아이와 즐겁게 노는 방법입니다. 더불어 음악적 감각도 키울 수 있으니 일석이조입니다.

2. 도트카드(초점카드)

아이가 태어나고 2주부터 한 달 사이에 아이의 초점을 잡아주기 위해서 모빌을 걸어 놓는 것이 좋습니다. 사시가 되는 것을 방지하기 위함입니다. 두 달 정도 후 도트카드를 보여주며, 하나 둘 숫자를 세고 카드 안의 점을 보여주어야 합니다. 한 개에 초점을 맞추던 아이가 두 개 세 개로 늘어나면서 점을 보게 되고, 수도 익히는 것입니다.손가락으로 점을 만져 보기도 하고 1개에서 2개로 늘어난 점을 아이는 이상하게 생각하고 같은것과 다른것을 구분하게 됩니다.

3. 스티커 놀이

아이가 앉기 시작하면 스티커 놀이를 시작하는 것이 좋습니다. 아이가 앉아서 눈을 맞출 때 호기심에 접한 스티커를 신기해하였고, 그것을 떼어내 손이나 발등에 붙이면 손으로 꼬기작꼬기작 떼어내는 것이 신기하고 재미있었습니다. 아이가 짜증을 부리거나 싫어하는 느낌을 받았다면 하지 않았을 텐데 아이는 즐거워하며 찾으려고 안달했습니다. 그 모습이 얼마나 귀엽던지…… 이것은 앞에서 이야기한 것과 같이 손의 소근육 운동이 될 뿐만 아니라 두뇌개발과 집중력을 길러줄 수 있습니다.

4. 손바닥 책

아이가 책을 좋아했으면 하는 바람이 있어서 어렸을 적부터 책 보는 습관을 들여야 겠다 생각 했습니다. 손안에 쏘옥 들어가는 손바닥 책을 휴대하고 다니면서 아이가 심심해 할 때마다 꺼내서 보여주었습니다. 또한 책의 종류도 작은 것에서 큰 것까지 다양하게 접하며 가지고 놀 수 있도록 하였습니다. 아이는 한 줄로 길게 만들어진 손바닥 책을 특히 좋아하였으며 이 책은 기차놀이를 주로 할 때 사용되었습니다. 여러 종류의 손바닥 책이 있고 아이들의 흥미를 끌도록 만들어져 있습니다. 아이가 책과 즐겁게 놀수 있도록 노력 했습니다.

5. EBS 한글 공부 방송

아이가 만화를 보기보다는 단어를 공부할 수 있도록 한글 공부 프로그램을 틀어주고 보게 하는 것이 좋습니다.

엄마가 일을 하거나 화장실에 갈 때와 같이 어쩔 수 없이 아이에게 TV를 틀어 주어야 할 때가 있습니다. 아이에게 TV를 접하게 해야 한다면 아이에게 도움이 되는 프로그램을 선택하여 시청하도록 하는 것이 좋습니다. 노래와 한글이 나오는 방송이나 사물을 자세히 관찰할 수 있는 방송, 또는 영어로 나오는 만화를 틀어주었는데, 주로 EBS 방송을 보게 하였습니다.

돌 무렵에는 내용을 알고 TV를 보는 것이 아니고 막연히 TV 안에서 바뀌는 화면을 응시하는 것이므로 아이의 수준보다 높은 6~7세가 보는 방송을 틀어 놓아도 됩니다. 되도록 교육적인 내용이 들어간 것으로만 틀어 주었습니다. 특히 요즘에는 폭력성을 가진 프로그램이 많기 때문에 이와 같은 방송은 접하지 않도록 각별히 신경 써야 합니다.

저 같은 경우에는 아이가 유치원에 들어가면서 한 가지 로봇 방송에 한하여 틀어주고 있습니다. 아이가 너무 좋아하여 잘한 일이 있어서 칭찬해줄 때나 아이를 진정시킬 때, 혹은 아이의 시선을 잡아 두어야 할 때 틀어줍니다. 그 마저도 횟수를 되도록 줄이려고 노력하고 있습니다.

물에 젖지 않은 스펀지처럼 무조건 흡수하는 아이들에게 보여 주는 것을 자제해야 한다고 생각합니다. 아이들이 보아야 할 프로그램인지 보지 말아야 할 프로그램인지도 신중하게 판단해야 합니다. 멋모르는 아이들은 좋은 것인지 나쁜 것인지 분간도 하지 못하면서 TV에서 본 것을 그대로 흉내 내며 따라하고 있습니다.

세 살짜리 아이가 "고래?"를 외치고 '강남스타일' 춤을 따라하는 것을 보면 그리 좋아 보이지 않았습니다. 보여주지 않아도 친구들이 하는 것을 아이는 따라하고 배워옵니다. 무작정 따라하는 것인데 자세히 모르는 아이는 한두 번 따라하다 그만 하지만, 그 내용을 여러 번 접한 아이는 자주 사용하고 오래 반복합니다.

이는 어린 유아에게만 해당하는 것은 아닙니다. 아이들은 그 연령에 맞는 프로를 봐야 합니다. 그러나 현 우리 아이들은 통제되지 않고 있습니다. 초등학교 아이들이 개그 프로그램을 보고 드라마를 보면서 모방하고, 뜻도 모르면서 이야기 하는 것을 보면 참 안타깝습니다. 요즘 초등학교의 학예회나 체육대회 때, 심지어 유치원의 운동회 때에도 어른들의 문화를 모방해서 아이들에게 가르쳐 그것으로 응원을 하고, 그것을 장기자랑인양 나와서 부모님들에게 보여주면 부모님들은 잘 한다 칭찬을 해 주고 있습니다.

아이는 아이다워야 합니다. 어른스럽더라도 바르게 어른스러워야 합니다. 아기는 아기답고, 어린이는 어린이답고, 어른은 어른다워야 하는데 요즘은 아이어른이 참 많은 세상인 것 같습니다. 그것이 보기 좋은 어른들을 모방하는 것이 아니라 겉이 화려한 연예인을 모방하는 것이라 인상이 찌푸려집니다. 아이들이 보려고 해도 어른들이 막아야 하는데 학교에서 발 벗고 나서서 그것을 모방하고 그런 문화를 만들어 가고 있는 것은 아닌가 생각해 보아야 할 문제입니다.

부디 어른들은 신중하게 아이들을 TV에 노출시켜 주고, 아이들은 어른들의 프로그램보다 아이들의 좋은 프로그램을 접하게 하여 지식과 지혜를 쌓아가는 좋은 방향의 유익한 TV가 되었으면 합니다.

TV는 어떤 프로그램을 보느냐도 중요하지만 보는 시간에 있어서도 제한이 필요합니다. TV에 과다 노출된 아이는 산만하다는 통계도 있습니다. 실제로 일주일에 10시간 이상 TV 시청을 할 시 뇌세포가 감소하고 아이의 성적에 영향을 준다는 연구 결과가 있습니다. 이렇게 아이의 성적과 성격에도 영향을 주는 TV, 아무거나 막 보여주어선 안 되겠지요?

6. 장난감의 교구화

아이가 제일 많이 가지고 노는 장난감을 교구로 준비하여 아이가 놀이를 하면서 자연적으로 공부를 할 수 있도록 합니다. 이러한 과정에서 수의 개념을 익히고, 세모, 네모, 동그라미를 구별할 수 있도록 하는 등 아이에게 득이 되는 장난감을 선택하도록 합니다.

유아기 때에는 여러 종류의 블록으로 쌓기 놀이, 모양 맞추어 끼우기 등을 좋아하기 때문에 아이의 장난감을 주로 블록이나 퍼즐 같은 것으로 준비하도록 합니다. 요즘에는 유치원에서 사용하는 교구들을 일반 장난감으로 쉽게 접할 수 있으므로 그런 장난감을 선택해 주는 것이 좋습니다. 아이의 상상력을 기를 수 있고 수의 개념과 모양, 색깔, 크고 작음을 학습이 아닌 놀이로 배울 수 있기 때문입니다.

7. 아이의 호기심이 어디로 발달하는지 관찰해야 한다

아이가 어떤 것에 호기심을 가지고, 무엇을 할 때 집중력을 발휘하는지를 지켜보고 그것을 응용하여 교육할 수 있는 방법을 선택하는 것이 중요합니다. 아이가 익숙하고 좋아하는 것이 생기면 좋아하는 것을 조금씩 확장해가며 파생시켜 교육을 하는 것입니다. 이렇게 되면 아이에게는 놀이도 되고 교육도 되는 셈이지요.

남자아이는 자동차를 유독 좋아합니다. 스티커도 자동차, 책도 자동차, 여러 가지 자동차 모양의 물건들을 좋아하지요. 이러한 경우 처음에는 자동차 스티커로 시작하여 자동차 퍼즐, 자동차 책으로 확장해 주고, 스티커를 파생시켜 여러 가지 자동차 종류가 들어있는 스티커부터 시작하여 사물과 동물, 여러 가지 다른 스티커를 가지고 놉니다. 그리고 이름은 무엇이고, 어떤 색인지 구별하도록 유도하는 것입니다. '우리 사과 찾아볼까?', '노란 버스 어디 있나요?' 등의 질문을 통해 아이의 관심을 유도하여 놀이를 하면서 교육을 하는 것도 좋은 방법입니다.

한 분야에 관심을 보이면 그 분야에서 수와 색으로 파생이 가능하며 '똑같은 색은 어떤 것이 있을까?' 등으로 유도하여 다른 분야로 눈을 돌리고, 눈으로 익히고 찾을 수 있도록 해 주세요.

아이는 호기심이 왕성한 아이로 자라날 것입니다. 호기심이 왕성한 아이들은 무엇이든지 본인이 해보고 안 되면 어른들에게 이야기합니다. 저희 아이는 책도 좋아하고, 장난감도 좋아하고, 블록도 좋아합니다. 여전히 스티커도 좋아하고, 공룡, 우주선, 비행기, 자동차에 기차까지…… 눈에 보이는 것은 다 해보고 싶고, 다 가보고 싶다고 말하는 개구쟁이 호기심 대장으로 자라고 있습니다.

8. 아이와 쉴 새 없이 수다를 떨어라

아이들은 말을 배우는 단계입니다. 그래서 엄마가 하는 말들을 거의 흡수하지요.

아이와 둘이 있어도 쉴 새 없이 아이에게 말을 걸고 표현을 해야 합니다. 아이가 혼자 잘 놀고 있으면 '이게 뭐야?' 하고 먼저 다가가 말을 거는 것입니다. 그리고 아이의 세계로 들어가 같이 놀아 주어야 합니다.

이때 '주'는 아이입니다. 아이가 관심을 갖는 부분에 엄마가 도와주기만 하면 됩니다. 아이가 놀이를 이끌어 가도록 지켜보면서 아이와 이야기를 나누고, 아이를 칭찬하며 격려하면, 아이는 좋아서 더 하려고 합니다. 아이는 하루 종일 내가 잘 알아듣지 못해도 쉴 새 없이 종알종알 지저귑니다.

강제로 아이에게 무엇인가 강요하기보다는 아이가 어떤 물건을 가지고 오는지 지켜보고 그때그때 호응만 해 주면 됩니다. 그리고 칭찬과 격려를 해 주면 아이는 신이 나서 더 많은 것을 하려고 하고 많은 것을 이야기하려 할 겁니다. 그리고 그것을 반복하면 다름 아닌 학습이 됩니다.

9. 뉴스는 같이 보지 않는다

앞에서 아이들은 아이들다워야 하고 아이들의 프로그램 이외에 어른들의 프로그램을 같이 보진 않는다고 이야기한바 있습니다.

뉴스 또한 아이가 있을 경우 틀지 않습니다. 요즘에는 뉴스가 너무 적나라하게 표현하고 있고, 대다수가 좋지 않은 내용입니다. 아이들은 모방심이 강해 나쁜 걸 더 빨리 받아들이기 때문에 아이들이 선과 악을 구별하기 전까지는 절대로 아이와 뉴스를 같이 보지 말아야 합니다. 이것은 아이가 어느 정도 자랐을 때까지 지켜져야 합니다. 우발적·충동적 혹은 호기심으로 뉴스에서 나오는 장면을 따라하는 아이들이 있기 때문입니다. 실제로 아이들이 뉴스를 접하면서 시체놀이와 막간 댄스 등이 더 확산되었습니다. 또 좋지 않은 졸업식 뒤풀이 문화를 뉴스에서 방송하였고, 그해와 그 다음해 더 큰 사회적 문제가 되었습니다.

아이가 좋은 것만 보고 좋은 것만 듣고 자라도 저절로 나쁜 것도 접하게 되고 배우게 되는데, 나쁜 것을 보여주고 나쁜 것을 듣게 하면 더 금방 그것에 익숙해지고 배우게 되지 않을까요?

10. 아이를 혼자 두지 않는다

아이가 놀이를 할 때에는 절대로 아이 혼자 두지 않습니다. 되도록 많은 이야기를 나누고, 아이의 시선으로 놀이에 동참하는 것이 좋습니다. 집안일보다도 아이와 노는 것이 첫 번째가 되어야 합니다.

아이들은 끊임없이 관심 받고 싶어 합니다. 관심 받을 대상자가 없어지면 흥미를 잃게 되지요. 관심을 가져주고 호응해 주어야 놀이를 지속할 수 있는 것입니다.영재로 아이를 키우는 첫째는 아이를 혼자 두지 말라는 것이였습니다. 아이가 어려워 할 땐 격려도 해주고 아이가 정 못할땐 도와도 주며 아이가 사소한 것이라도 해 내면 칭찬해 주며 아이가 놀이를 확장해 갈수 있도록 도와 주어야 합니다. 아이의 상대역을 자초하여 주어야 합니다.

지금까지 임신과 출산, 육아에 걸친 전반적인 부분에 대해 알아보았습니다. 임신의 중요성, 태교의 중요성, 출산과정, 출산 후 엄마가 느끼는 감정의 변화, 그 해결책 등을 이야기했습니다. 여러 책을 보았지만 두리뭉실 하기만 했기에 제 경험담과 함께 이야기해 보았습니다. 많은 분들에게 조금이나마 도움이 되었으면 하는 바람입니다.

'동방의 예의지국'은 '동쪽에 있는 예의에 밝은 나라'라는 뜻으로,
예전 중국에서 우리나라를 이르는 말이라고 국어사전에 등록되어 있습니다.
우리나라 사람이 아닌 중국 사신이 우리나라에 와서 우리나라 사람들이 지키는 예의와
몸에 밴 예절을 보고 자신의 나라에 가서 이야기하면서 생겨난 말입니다.

2장

과거, 현재, 그리고 미래

* * *

'동방의 예의지국', '백의민족'

이 두 단어는 한반도와 우리 민족을 지칭하는 단어였습니다. 외국 사신들이 한반도의 사람들을 보고 이야기한 것이라고 하니 이 얼마나 가치 있는 단어인지요.

'동방의 예의지국'은 '동쪽에 있는 예의에 밝은 나라'라는 뜻으로, 예전 중국에서 우리나라를 이르는 말이라고 국어사전에 등록되어 있습니다. 우리나라 사람이 아닌 중국 사신이 우리나라에 와서 우리나라 사람들이 지키는 예의와 몸에 밴 예절을 보고 자신의 나라에 가서 이야기하면서 생겨난 말입니다. 우리 선조들이 얼마나 예의와 예절을 중시했는지는 굳이 설명하지 않아도 익히 알고 있을 겁니다.

'백의민족'은 '흰옷을 입은 민족'이라는 뜻으로, 한민족을 지칭하는 말로 예로부터 우리 민족이 흰옷을 즐겨 입는 데서 유래한 말입니다. 옛날 우리나라에서 백색은 깨끗함, 청명함, 결백함을 나타내는 대표적인 색상으로, 선비나 사대부는 백색 옷을 즐겨 입었습니다. 유교 사상으로 인한 민족적 의식으로, 윤리적인 깨끗함을 대변이라도 하듯 흰옷을 즐겨 입고 그것을 중시하였습니다.

그러다 일제 강점기 시절 백색은 우리나라의 민족성과 애국심을 불타게 하는 단어가 되었습니다. 일제에 의해 반 강제적으로 흰옷 입기가 금지되자 백의'라는 것이 항일의식의 표현이 되어우리 민족의 단결력과 차별성을 부각시키는 단어가 되었습니다.

그런데 지금 우리나라는 어떠한가요? 우리는 현재 이 두 단어를 잊고 살아가고 있습니다. 현대 사회는 핵가족화 되고 가족 해체 현상이 일어나면서 '우리'보다는 '나'를, '인성'보다는 '돈'이나 '능력'을, '격식'보다는 '간소화'를 중시여기고 있습니다. 심지어는 이 두 단어가 있었는지도 모르는 아이들도 많습니다.

　도처에 팽배한 이기주의와 물질만능주의로 인해 우리 민족이 예로부터 지녀왔던 예의나 예절, 공경이나 존경과 같은 단어들은 색 바랜 종잇장처럼 그 가치를 잃고 있는 요즘. 과연 우리의 미래는, 우리 아이들의 미래는 밝을까요?

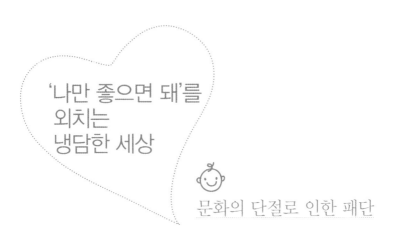

'나만 좋으면 돼'를
외치는
냉담한 세상

문화의 단절로 인한 패단

　일제 강섬기라 하면 불과 100여 년 전의 일입니다. 일제식민지 기간은 1910년~1945년, 한일합방으로 대한제국이 망한 이후부터 광복에 이르기까지 35년 동안 일본이 한국을 식민지로 통치한 시기입니다. 35년 동안 우리는 많은 것을 잃어버렸습니다. 나라를 잃어버리고, 언어를 잃어버리고, 이름마저도 잃어버렸습니다. 재산과 토지까지 수탈 당하며 집에 있는 숟가락 젓가락까지도 모두 빼앗기는 시간이었습니다. 이 기간 동안 애국지사를 비롯한 많은 분들이 우리의 것을 되찾으려 노력을 했고, 1945년 8월 15일 해방이 되었으나 결국 전쟁이 발생하고 말았습니다.

　그러나 이 시간 동안 우리는 비단 눈에 보이는 것만 잃어버린 것은 아니었습니다. 우리는 우리 선조들이 중시하던 예의, 예절의 대부분을 잃어버린 것이었습니다. 산업화로 외국의 문명과 기술이 들어오면서 우리의 문화가 급변하였고, 그로 인해 생각도, 생활도 많이 변하였습니다.

과학의 발전으로 인해 날이 갈수록 생활이 편리해지고 있지만, 여러 가지 폐해도 발생하고 있습니다. 핵가족화를 지나 1인 가정이 늘어나고 있고 개인주의와 이기주의가 넘쳐나고 컴퓨터 등으로 인해 자택근무가 늘어나면서, 나 이외의 다른 사람에게는 관심 없는 시대가 진행되고 있습니다. 정작 위층에 혹은 아래층에 누가 사는지도 모르는 시대가 되었습니다. 문제는 앞으로 미래에는 이러한 문제가 더 심각해질 것이라는 겁니다.

일제 강점기는 우리 부모님의, 부모님의, 부모님 정도의 세대입니다. 불과 3세대 전이지요. 즉 증조할머니 세대입니다. 우리의 할머니들은 6·25 전쟁을 겪으셨고, 전쟁 중 태어난 이모도 계십니다. 위의 두 단어가 사라진 시점이 이때라 생각됩니다.

전쟁으로 인해 땅은 황폐해지고 먹을 것이 없어 걱정하던 이 시기가, 우리가 두 단어를 잊고 살아가게 된 동기의 시대인 것입니다. 증조모, 증조부께서는 살아남을 것을 걱정해야 했고, 할머니, 할아버지 세대에는 자식들 의식주를 걱정해야 했습니다. 먹을 것이 없어 목숨을 잃는 일이 발생하는 때였으니까요. 한 푼이라도 벌어 자식들 먹이려는 생각으로 가득했던 시기, 아침 먹고 나면 점심을 걱정해야 했던 시기였기 때문에 자식의 교육은 뒷전이었지요. 먹고사는 생사의 갈림길에 서있었던 때였습니다. 자식들은 알아서 커야 했죠. 공부도 제대로 할 수 없었고, 오로지 일을 해서 먹을거리를 마련하고 모두들 허리띠를 졸라 매야 하는 시대였습니다.

그리고 일찍 산업 전선에 뛰어들어 내 자식만은 배고프지 않게 키우자는 생각으로 열심히 사신 분들이 우리 부모님 세대입니다. 공부를 하면 성공을 할 수 있었으므로 학구열도 강했습니다. 이 두 세대의 노력이 없었으면 현재 우리는 편안함과 여유로움을 누릴 수는 없었을 겁니다.

독립 직후 나라를 세울 기초 자본과 기술이 없는 상황에서 외국으로부터 도움을 받으려고 하자, 외국에선 돈과 기술을 주는 조건으로 노동력을 제공하라고 했습니다. 외국에 나가 일하는 노동자들에게 주어질 임금을 나라에서 먼저 받아서 쓰고, 나중에 노동자들에게 주어지는 방식이었습니다. 이른바 노동력 착취였던 것입니다. 독일에서 돈과 기술을 빌려주는 대신 자국민이 힘들어 하는 업종인 간호사와 광부등의 인력을 제공하고, 그 임금을 차압하는 형식이었습니다.

그때 당시 대통령이었던 박정희는 그들의 노고를 치하하러 독일을 방문하였고, 연설에서 "우리의 자식들은 돈 때문에 팔려가는 일이 없도록 노력하겠습니다."라고 이야기하며 고개를 숙였고, 그 자리는 눈물바다가 되었습니다. 이어 박정희 대통령은 고개 숙여 "미안합니다, 고맙습니다" 인사를 했고, 그 자리에 있던 분들이 "꼭 우리의 후손에겐 이런 고통을 되풀이하지 말게 해 주십시오."라며 통곡하였다고 합니다.

이처럼 이 시기는 생계에만, 나라의 건설에만 신경 써야 했습니다. 배고프다고 울어대는 자식을 보며 같이 울 수밖에 없었던 시절이었기 때문입니다. 당연히 옛것을 지킬 수도 없었고 복구할 수도 없었던 시기이자, 우리의 좋은 문화와 풍습이 단절되는 시기이기도 했습니다.

일본에 의해 우리나라 대부분의 문화를 말살당하고 연이어 터지게 된 전쟁과 가난 때문에 생계만 걱정할 수밖에 없었던 당시 우리나라의 현실은 그나마 남아 있던 문화를 잊히게 만들었습니다. 이기주의, 물질 만능주의, 개인주의, 부익부 빈익빈 등 많은 신조어가 생겨났고, 그로 인해 다른 사람이야 어찌됐던 '나만 아니면 돼'란 생각이 자리 잡게 되었습니다. 그렇게 3세대인 우리가 성인이 되었습니다.

우리의 현재는 어떤가요? 우리 세대보다 우리 자식 세대는 어떨까요? 지극히 '나만 아니면 돼' '나만 좋으면 돼'란 생각을 가지고 살아가는 냉담한 세상이, 그리고 우리의 미래가 어떠할까요? 우리가 자랄 때는 부모님의 말씀을 무서워 했는데, 요즘 아이들은 부모님을 무서워하지 않습니다. 이유가 무엇일까요? 100년의 시간을 보내면서 우리가 진정 잃어버린 것은 무엇일까요?

현재가 미래로
이어진다면

희망적이지 않은
우리 아이들의 미래

현재 우리가 살고 있는 시대를 좀 살펴봅시다.

현재는 초등학교에서부터 술과 담배, 폭력이 만연해 있습니다. 지극히 개인주의적인 사고, 물질 만능주의에 사로잡혀 어떤 방법으로든 돈만 벌면 된다는 생각으로 가득 찬 현실입니다. 우리는 옆집에 누가 사는지 관심이 없습니다. 나만 아니면, 나에게 피해만 주지 않는다면, 다른 사람이 무엇을 하건 관여하지 않습니다. 물론 성인에게는 사생활이란 것이 있고 그걸 침해해서는 안 되겠지만, 아이들에게는 어떤가요?

혹시 초등학생에게 훈계할 수 있으신가요? 담배를 피우고 있는 중·고등학생들에게 어떻게 하시나요? 저도 무어라 이야기 하진 못합니다. 솔직히 무섭습니다. 왜 우리 아이들이 이렇게 된 걸까요?

왕따가 학교 폭력으로 이어지고, 나밖에 모르는 아이들이 대다수에, 게임, 알코올, 니코틴 등 온갖 중독에 빠져 있는 아이들을 어떻게 생각하시나요? 나밖에 모르고, 나만 아니면 그만인 우리 아이들. 공부만 잘하면 무엇이든 용납하는 사회. 이렇게 자란 아이들이 살아가는 미래는 과연 어떨까요? 공부를 잘해서 인재가 많은 사회가 될까요? 천만의 말씀입니다.

우리 아이들이 살아가는 미래는 어둡기만 합니다. 폭력과 범죄의 증가, 경쟁의 심화, 가정의 불화로 사회가 도배될 것입니다. 생각해 보면, 무엇 하나 긍정적인 부분이 없습니다. 나밖에 모르는 사람들을 보면 우리는 눈살을 찌푸립니다. 그런데 우리는 아이들을 그렇게 키워 가고 있습니다.

철저한 개인주의에 정신없이 살아가고 남을 배려하지 못해 서로에게 상처가 되며, 가정이 깨지는 미래! 우리 아이들이 이런 미래를 살아가야 한다는 것이 무섭습니다. 우리 또한 그 시대를 같이 살아가고 지켜봐야 할 것입니다

요즘 크게 대두되는 사회적 문제 중 하나는 '묻지마 범죄'입니다. 일반인들이 느끼는 감정을 전혀 이해하지 못하는 '사이코패스'가 평범한 일반인의 가면을 쓰고 포커페이스를 하며 불특정 다수를 향해 벌이는 고지능 범죄입니다. 이 사람들이 못 배워서, 머리가 나빠서 이런 일을 저지르는 것일까요? 아닙니다. 최근에 '묻지마 범죄'를 저지른 사람들을 조사한 결과, 대학을 졸업했지만 사회성이 부족한 사람임이 밝혀졌습니다.

공부는 커녕 먹고살기 빠듯하여 산업 전선에 뛰어들 수밖에 없던 과거에 비하면 현재는 의무교육이라 하여 교육 수준이 올라갔는데도 불구하고 범죄가 줄어들지 않고 오히려 늘어나는 양상을 보이고 있

습니다.

묻지마 범죄. "모르는 사람이 쳐다보는 시선이 싫어서 혹은 웃는 것이 기분 나빠서 그랬다"란 이야기를 들었습니다. 그런데 이 유형은 어딘가 모르게 익숙합니다. 우리가 학교 다니던 시절 남자아이들이 싸우는 경우가 있었는데 그때 싸우는 이유를 물으면 구체적으로 분쟁이 있어서 싸우는 경우도 있었지만, 지나가다 툭 쳐서 혹은 지나가는데 쳐다보는 것이 기분 나빠서 싸우게 됐다는 이야기를 자주 들었습니다. 그리고 우리가 성인이 된 지금 발생하는 범죄들이 비슷한 유형을 띠고 있다는 건 단순한 우연의 일치일까요?

과연 우리는 무엇을 잊고 살아가고 있는 것 일까요? 현제 가 미래로 이어진다면 우리 아이들이 살아가는 미래는 행복하기만 할까요? 해결책은 없는 것 일까요?

우리 아이들
답이 없는
것이 아니다

옛 선조에게서 자녀 교육의
해답을 찾다

사람들은 각자의 성향이 두드러집니다. 개개인마다 각기 다른 성향을 보이지요. 이러한 사람의 성향은 한번 자리 잡으면 나이가 들어 노인이 될 때까지 이어집니다. 우리 속담에 '세살 버릇 여든 간다'란 말이 있듯이 어떤 사소한 습관이나 버릇이라도 쉽게 변하거나 고쳐지지 않습니다.

한 아이가 태어나 인격을 가지고 스스로 판단하고 결정하며 그에 따른 책임을 질줄 아는 나이가 되면 성인이 된 것입니다. 우리는 20살로 그 나이를 정해 놓았으나 나이는 숫자에 불과하다고 생각합니다. 성인이 되기 위한 준비단계가 청소년기이며 이 시기에 어느 정도 생각과 습관이 잡혀 있는데, 바른 행동을 하지 않고, 바른 생각을 하지 않던 아이들이 성인이 되면 갑자기 바른 행동과 바른 생각을 할까요? 우리를 한번 뒤돌아보면 이른바 '철든다'라고 이야기 하는 때가 언제일까요? 철든 후엔 바른 말만 하고 옳은 행동만 하며 살아가는 것일까요? 학창시절 남자아이들의 주먹다짐이 현재 발생하는 사회 문제의 근원이 되는 것에 대해서 어떻게 생각하나요?

사람에게도 성향이 있듯이 그 시대를 살아가며 만드는 시대에도 성향이 있습니다.

우리가 자랄 때만 해도 여자아이들의 흡연은 드물었습니다. 그런데 불과 10여 년이 지난 현재, 여자아이들의 흡연수준은 심각합니다. 여기서 여자와 남자를 구별하는 이유는, 여자는 임신과 출산을 해야 하기 때문입니다. 이 아이들이 10년 후 성인이 되었을 때 발생하는 문제점은 '기형아 출산'일 것입니다. 불과 십여 년 후에는 기형아 출산이 증가하고 지능이 낮은 혹은 뇌세포가 적은 아이들이 태어나게 되는 것이지요. 니코틴은 체내에서 3년 이상 지나야 배출된다고 합니다. 그럼 우리 청소년들이 결혼해 임신, 출산을 하기 3년 전부터 담배를 끊어야 합니다. 그러나 담배는 중독성이 강해 끊기 굉장히 어렵습니다. 임신 전 금연이 현실적으로 가능해 보입니까?

예전 우리 세대가 학교 다닐 때의 문제점들이 현재 사회에 표출되어 문제가 되듯, 우리 아이들의 학교에서 일어나는 문제들은 10년 후 사회의 문제가 되어 있을 겁니다. 직장 내에서도 왕따와 자살률, 집단 폭력이 늘어나고, 개인주의의 심화로 나 이외에 다른 것엔 관심도 없으며, 음주, 흡연으로 인한 기형아 출산과 질병의 증가, 범죄의 지능화와 다양화, 범죄율 증가가 심화될 것입니다.

우리가 학교 다닐 때는 이 정도는 아니었습니다. 인터넷에 시체놀이 혹은 막간 댄스를 검색하면 교내의 사진들을 볼 수 있는데, '시체놀이'라는 제목의 사진은 반 아이 전체가 너부러져 있는 사진이고,

'막간댄스' 동영상은 선생님이 필기하려고 돌아선 사이 반 아이 몇몇 혹은 단체로 일어나 마구 춤을 추다가 선생님이 돌아보기 전 앉는 영상이었습니다. 충격이었습니다. '누구의 발상인지 재미있다'고 생각할 문제가 아니었습니다.

한때의 장난으로 치부하기에는 선생님의 권위가 바닥을 뚫고 지하에 묻혀 버린 것 같습니다. '선생님이 저리 우스운데 아이들이 통제가 가능할까?', '저런 아이들을 교육할 수 있을까?' 의문이 들었습니다. 선생님 손에서 벗어나 통제가 안 되기 때문에 학교폭력, 왕따 등과 같은 문제가 더 활개를 치고 결국에는 아이들을 죽음에까지 이르게 만드는 것이라 생각됩니다.

부모님들은 '학교에서 다 가르쳐 주겠지', '다 배우겠지' 하며 아이들을 방관하고, '집에서 알아서 훈육하겠지' 하고 방치하는 선생님 사이에서 아이들은 마구잡이로 자라고 있는 것입니다. 그 누구도 통제해 주지 않고 있기 때문에 기분 내키는 대로 행동하고, 하고 싶은 대로 하며 자라는 것이지요. 이러니 점점 절제를 모르고, 해도 되는 일 안 되는 일을 분간하지 못하며, '사람답게, 인간답게'라는 단어와는 거리가 멀어지는 것 같습니다.

흔히 '요즘 아이들이 빠르다, 감당이 안 된다,'는 부모님이 많이 있습니다. 그런데 부모님조차 아이를 포기해 버리면 그 아이는 어떻게 될까요? '공부 잘하니까 괜찮아!' 하고 공부만 잘하면 뭐든지 수용해 주는 아이는 성공한 삶, 행복한 삶을 살 수 있을까요?

부모는 부모의 역할을, 선생님은 선생님의 역할을 해 주어야 하는데 부모는 자식이 귀하고 예뻐서, 또 선생님들은 체벌하면 안 되니까 방치하면서 '요즘 아이들 참'이라 말하고 있습니다.

요즘 청소년들은 심각합니다. 그들의 행동을 이해할 수 없을 정도입니다. 우리는 그들에게 그런 모습을 보여주지 않았습니다. 외국 어느 나라에서도, 책에서도 그런 모습을 찾아볼 수 없습니다. 도대체 우리 청소년들은 누구에게 배워서 이러고 있는 것일까요?

우리는 가르쳐 주지도 않았지만 안 된다고 제재하지도 않았습니다. 누군가의 상상 속에서 시작되었을 것이고, 한번 시작하여 재미있다 느꼈을 것입니다. 그런데 누구도 그것을 잘못이라 알려주지 않았습니다. 아이들을 데리고 앉아서 진지하게 잘잘못을 따져보며 이야기하지 않은 것입니다. 그렇기에 현재 우리 아이들이 멋대로, 하고 싶은 대로, 생각나는 대로, 옳고 그름을 따지지 않고, 선과 악을 구별하지 않고, 행동하고 있습니다. 하물며 다른 사람에게 고통을 주며 웃고 떠들어댑니다.

고통당하는 아이를 도와주는 아이는 없고, 도와주었다간 똑같이 당할까 봐 섣불리 나설 수도 없습니다. 한 술 더 떠 같이 웃고 즐기기기까지 합니다. 이런 상황의 아이들이 자라 성인이 되었을 때 어떨까요? 직장 내에서 지금과는 상상도 못할 정도의 왕따와 직장 내 집단 폭력도 생길 것입니다. 적어도 내 아이는 나무라고 잘잘못을 따져야 합니다.

아이들 한때 장난으로 치부하기에는 장난의 수위가 지나칩니다. 선생님이 훈계하거나 체벌을 하면 부모님이 좋아하지 않죠. 그러니 부모님이 제대로 알고 '하면 되는 것', '해서는 안 되는 것'을 가르쳐야 하지 않겠습니까?

그렇다면 이러한 판단력을 길러주는 시기가 언제일까요? 초등학교? 중·고등학교? 아닙니다. 그때는 이미 자아가 어느 정도 형성되어 있기 때문에 엄마나 선생님이 가르치려 해도 통제가 되지 않습니다. 그럼 언제일까요? 바로 3세~7세 사이의 시기입니다. 아이들이 말을 할 줄 알고 의사표현을 시작하면서부터 교육해야 합니다.

자기주장이 생기기 전 아이들에게 옳고 그름을 인식할 수 있도록 알려 주어야 아이들이 자라며 바른 생각을 키울 수 있습니다. 어린 아이들은 이야기를 해주면 금방 수긍하지만 초등학생만 되어도 몇 번이고 이야기 해 주어도 자신의 고집이 생긴 나머지 자신이 이해하지 못하면 수긍하지 않으려 하고, 계속해서 자기고집과 주장을 펼칩니다.

초등학교 때 아이의 바른 습관과 행동, 생각을 심어주려면 어린아이보다 더 많은 시간과 대화가 필요합니다. 무엇인가 알아가는 아동기에 옳고 그른 것을 알려주고 그것이 습관이 되도록 잡아 준다면 아이가 초등학생이 된 다음에는 엄마가 굳이 시간을 들여 이야기하지 않아도 스스로 할 수 있습니다. 초등학생만 되어도 시간과 정성이 더 드는데 중·고등학생이 된 후에 바로잡아 주는 것은 더욱더 힘들 것입니다.

우리 선조들 또한 아이가 태어나 혼자 걷기 시작하면서 인성과 예절 교육을 먼저 하였습니다. 아침 일찍 문안 인사부터 시작하여 걷는 방법, 밥을 먹는 방법, 이야기하는 방법까지 세세하게 가르쳤습니다. 예를 중시하여 3세 이전에 예를 몸에 먼저 익힌 후 글공부를 가르쳤습니다. **우리 선조들은 왜 이렇게 하였을까요?** 풍습이 그러했기 때문이라면 그 풍습은 어떻게 생겨난 것이며, 언제 생겨 한 나라에 정착해 500년 이상 지속되었을까요? 그것이 현명한 방법이고 바른 방법이고 누구나 옳다는 생각했기에 가능한 일이었습니다.

사람이 동물과 다른 점은 바른 결정을 내릴 수 있는 판단력이 있다는 것인데 그 판단을 제대로 못하고 있는 아이들을 잡아줄 수 있는 것은 부모님뿐입니다.

아이들에게 바른 생각과 바른 행동을 할 수 있도록 잡아줘야 하고, 선과 악을 따질 줄 아는 판단력을 기르도록 부모가 가르쳐야 합니다. 그런데 현재 부모님은 수수방관만 하고 있습니다. '내 아이는 안 그러겠지' 하고 있습니다. '내 아이는 그러지 않아'가 아니라 '혹시 내 아이도 그럴까?' 하고 아이와 이야기를 해 보는 건 어떨까요?

과거 우리 조상들을 살펴봅시다. 우리 선조들은 아이를 엄하게 교육했습니다. 글을 읽을 줄 알면 제일 먼저 삼강오륜을 읽고 생각하고 몸에 익혀 외우게 했습니다. 잘못을 하면 정해진 방법으로 감정이 섞이지 않은 나름의 규칙으로 훈육을 했습니다.

이러한 훈육의 규칙은 각 가정에서 정해졌고 서당에서는 회초리로 종아리를 때리거나 손을 들고 벌서는 정도였습니다. 잘못한 일에 대해서는 분명하게 이야기해 주었고 반성할 시간을 주었으며, 개인의 감정을 싣지 않고 공정하게 회초리를 사용하여 따끔하게 훈육했습니다. 이 정도로도 아이들이 통제가 되었고 바르게 자라고 큰 인물이 되어서 현세에도 이름을 날리고 계신 분들이 우리 선조입니다.

요즘 어린이 집과 유치원에서 발생하는 아동학대는 아이의 잘못에 개인의 감정을 실어서 혼을 내다 벌어지는 일입니다. 특히 유아기 때 아이들에게는 더욱더 정해진 훈육이 필요합니다.

우리 선조들은 아이들이 잘못했을 시 가정에서도 대체로 회초리를 사용하여 엉덩이나 종아리를 때렸고, 그 이외에 매를 드는 부위는 없었습니다. 머리나 얼굴을 때릴 경우 아이가 잘못했더라도 마음을 다칠 수 있고, 자칫하면 심성이 비뚤어질 수 있다고 생각한 건 아닐까요? 왜 우리 선조들은 우리보다 더 오래전 문명도 과학도 발전하지 않았던 시대에 살면서도 아이들을 이렇게 올바른 방법으로 훈육하였을까요? 아이를 대하는 방법, 아이를 훈육하는 방법을 오랜 기간 동안 생각하고 변형되며 바른 방법, 좋은 방법이 정착되었고, 이성적으로 판단하여 아이와 부모 둘 모두에게 이로운 방법을 선택하였던 것입니다.

우리는 우리의 전통 훈육방법을 왜 잊게 되었을까요? 우리의 문화가 일본의 침략을 받아 중간에 사라지게 되고 6·25를 거치며 힘들고 어려운 시간을 보내 문화와 전통이 이어지지 않았기 때문입니다. 우리의 뿌리를 흔들어 놓고 우리의 풍습을 지우려고 했던 일본의 말살정책과 전쟁 때문에 우리 선조들의 자랑스러운 지혜가 단절되고 잊어버리게 되었으며 훼손된 것입니다. 그러면서 자녀의 교육보단 생계를 걱정하는 부모님 아래서 자란 우리 부모 세대는 못 배운 것에 한이 맺혀 자녀들은 어떻게 해서든 교육을 시키고자 하였습니다. 공부만 잘하는 아이 한 명에게 모든 걸 지원하였고, 그렇게 성장한 아이는 금전적 여유가 없이 힘들게 공부하였기에 금전적 욕심을 내고, 본인의 자식은 부족함 없이 기르기 위해 노력하게 된 것입니다.

이런 과정을 겪어 오면서 편안하게 공부하게 된 자식세대(현 저희 세대)에서는 과소비와 개인주의, 물질만능주의가 심화되었고 결국 어지러운 현실이 되었습니다.

우리 세대에 이르러 물질도 풍요롭고, '공부하고 싶다' 마음만 먹으면 할 수 있는 우리는 우리 선조들의 좋은 것, 좋은 문화, 좋은 풍습을 찾아서 우리 아이들에게 물려주어야 할 것입니다. 단절된 역사 속에 전쟁 속에 잊혔던 우리의 좋은 문화를 다시 되찾아서 우리 아이들에게 물려주어야 하는 것이 우리 세대에서 풀어야 할 숙제입니다.

우리의 선조들은 예를 몸에 익혀 동내 어른들을 공경하고 스승님을 공경하였습니다. 그런 존경심이 있었기에 서당에선 스승님의 기침소리 한 번에 긴장하고 집중할 수 있었습니다.

가난하여 먹고살 것을 걱정하였으나 서로 존중하고, 부모는 자식을 먼저 생각하고, 자식은 부모님을 먼저 생각하는 고전 속 이야기들도 많이 있습니다. 지금보다 먹을 것이 없었고 살기도 힘들었으며, 문명도 미미한 그 시대에는 오히려 지금보다 범죄자는 적었고 살기도 편했습니다.

일반적인 상식으로 바라보면 이해되지 않을 상황이지요. 예전에는 감옥도 별로 없었으며, 도둑보다 정치적 유배를 당하는 사람이 많았습니다. 실질적으로 도둑질이나 폭행, 살인 등은 정말 큰 대형 사고였습니다. 그러나 요즘에는 빈번히 일어나고 지금도 어디선가에서 일어나는 흔하디흔한 사고가 되어버렸습니다.

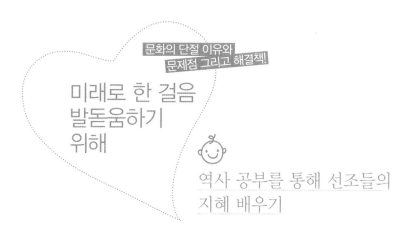

문화의 단절 이유와
문제점 그리고 해결책!

미래로 한 걸음
발돋움하기
위해

역사 공부를 통해 선조들의
지혜 배우기

문화의 단절이 현재 우리에게 많은 문제점을 야기시켰습니다. 우리는 우리의 좋은 것을 잊고 살고 우리 선조들의 지혜를 모르고 살고 있습니다. 몇 천년동안 내려오면서 좋은 것을 만들어 냈고 그것을 더 좋게 만들어가던 선조들입니다. 천오백 년 이상 우리에 맞게 발전해 온 문화를 백 년도 안 되는 시간 안에 잊어버렸고, 또 백 년도 안 되는 시간 안에 다른 좋은 것을 찾고 있지만 찾아질리 만무합니다.

앞에서도 언급 했듯이 일제 강점시는 참 냉혹했습니다. 토지를 빼앗고 고유문화를 말살시키고, 우리나라 사람들을 강제 이주 혹은 타국의 노예로 팔기도 하고 자국으로 데리고 가 노예로 삼기로 하였습니다.

그렇다면 일본은 어떤 나라일까요? 일본이 건국되기 전에는 여러 부족이 모여 본을 이루고 살았습니다. 그런 일본에 개항의 물결이 일어나고 작은 시골의 서당에서 13명의 젊은이들이 개항을 준비합니다. 13명의 젊은이들은 미래를 계획하고 탈본을 준비하면서 호연지기를 키우고 앞날을 도모하였는데 그 내용이 실로 놀랍습니다.

'자국은 섬나라여서 조선을 식민지화 하고 북으로 세력을 넓혀 만주까지 그 세력을 넓힌다. 그리고 나아가 세계를 정복한다'는 내용의 큰 그림을 그리고 있었지요. 이 13명의 젊은이는 메이지유신을 계기로 탈본 할 때 4명은 목숨을 바쳐 희생하였고, 후에 두 명은 총리로, 4명은 국회의원으로, 3명은 내각대신이 되었습니다. 조그마한 서당 안에서 그들이 꿈꾸었던 미래를 이룬 그들. 어떻게 생각합니까?

일본은 아직도 사당이라 하여 조상을 모시고, 조상을 기억하며 살아가고 있습니다. 그런데 그들은 우리에게 우리의 조상을 모르게 하려하고, 잊게 하려고 하였으며, 우리의 것이 무엇인지, 우리의 문화가 무엇인지 계승되지 않게 하였습니다. 우리의 고유이름을 못쓰고 개명을 강요당하고, 머리도 자르게 하고, 옷도 우리네 옷을 입지 못하게 하였습니다.

그뿐만이 아닙니다. 토지를 빼앗고, 재산을 빼앗고, 나라를 빼앗았습니다. 그러면서 우리네에 녹아있던 정(情)의 문화를 단절시켰고, 우리가 준비되지 않은 상태에서 일본에 의해 외국문화에 개항을 하게 되면서 외국의 문화를 받아들이기 급급했고, 또 외국의 문화에 빠지게 되었습니다.

준비되지 않은 상태에서 우리는 외국문화를 받아들이게 된 것입니다. 그러면서 물질 만능주의와 개인 이기주의 등이 만연하게 된 것이지요. 일본은 우리나라 문화를 없애기 위해 개인이 집에서 담가먹던 술까지 통제하여 국가에서 허락하지 않은 곳에선 술을 제조할 수 없게 하였습니다.

지식인들은 유배를 당하거나 사형을 당하였고, 조선인들을 노비화하여 아랫사람으로 부리며, 우리의 자긍심과 자존심마저 빼앗아 갔습니다.

일본의 말살정책을 말로 다 하긴 힘든 것 같습니다.

이런 시대를 겪으며 우리의 문화가 많이 유실됩니다. 그러면서 바로 전쟁이 터져 우리의 문화는 완전히 단절되고 말았습니다. 그 후대에는 먹고 살기 바빠서 그것을 알아 가고 찾아가지 못하였고 현재에 이르렀습니다.

다행히도 단절되었던 역사를 알 수 있는 기록이 있습니다. 세계문화 유산인 〈조선왕조실록〉입니다. 조선시대 왕들의 내용을 때로는 세세히 하면서도 간략하게 정리해 놓은 책이지요. 일제강점기를 잘 버텨내고 현재 우리 곁에 〈조선왕조실록〉이 존재 한다는 것은 목숨 걸고 그것을 지켜낸 우리 선조들이 계셨기 때문 입니다. 후대에 역사가 계승되어야 했기에 후를 도모하기 위해 목숨 걸고 지켜낸 것이지요.

우리의 조선왕조실록을 보면 많은걸 기록하고, 후세에 알려주려고 하고 있으나 현 우리들은 잘 모르고 사는 것이 사실 입니다. 우리의 전통음식을 보면 몸에 해가되는 음식은 없습니다. 술조차 약으로 사용 할 수 있도록 발전시켰고 현재 우리가 접하고 있는 음식들보다 더 몸에 좋은 음식들이 가득했으나 그것을 다 아는 사람도 없고 그것을 먹고 있는 사람도 거의 없습니다.

지천에 깔려서 우리의 식탁에 올라오던 음식들은 시대를 거치며 많이 바뀌었습니다. 바뀐 음식은 몸에 이롭지만은 안습니다. 선조들의 지혜는 실로 놀라웠고, 식사 또한 건강하게 몸에 해가 되지 않도록 해야 한다고 하셨습니다. 사람은 섭생이 중요하고, 마음가짐이 중요하고, 행하는 것이 중요하다고 하셨습니다. 그런데 지금 그 정신을, 그 마음을, 그 행동을 이어가고 있는 사람은 거의 없습니다. 이는 문화와 역사가 단절되었기 때문입니다. 일제 강점기 일본인들이 노린 말살 정책은 3세대 후인 현재에서 이르러 그 빛이 나는 것 같습니다. 지금 우리가 무엇인가 시작해 바로 잡아 간다고 해도 그 빛은 3세대 후에 찬란히 빛날 것입니다.

지금 우리나라는 먹고살 만합니다. 세계에서 과소비하는 나라 1위라는 불명예를 가지고 있을 만큼 소비도 잘 합니다. 예전 우리 부모님이나 할머니, 증조할머니 때는 하루하루 먹고사는 것이 힘들어 찾지 못했던 슬기와 지혜 그리고 빛나는 역사를 이제는 우리가 찾고 바로잡아야 합니다. 그래야 우리의 미래가 있을 것입니다.

우리의 역사를 말살시키려 했던 일본은 자국의 역사를 아이들에게 교육합니다. 조상을 알아야 한다고 이야기하고 그 조상을 모셔 그 뜻을 기리며 살아가고 있습니다. 그런데 우리는 일본의 계략대로 우리 뿌리를 잊고 살아가고 있습니다. 이대로 가다간 독도는 일본에 빼앗길지도 모르고 고구려의 역사는 중국의 것이 될지도 모릅니다.

현세를 살아가고 있는 우리가 바로 알고 바로 가르쳐야 우리 아이들도 바르게 배워나갈 것입니다. 일본은 교과서를 바꾸어서라도 자국의 역사에 득이 되게 가르칩니다. 그러나 우리의 역사 교육은 어떠한가요? 우리는 있는 그대로 가르치고 있으나 우리나라 역사 이외에 다른 나라 문화와 역사도 함께 가르치면서 그 양이 실로 방대해졌습니다. 물론 다른 나라의 문화도 중요합니다. 그러나 우리나라 문화와 역사도 잘 모르면서 배우는 세계사는 중요할까요? 아닙니다. 우리의 뿌리를 바르게 세세하게 알고 난 후에 세계의 역사를 알아도 늦지 않습니다.

역사는 외우는 암기과목이 아닙니다. 이해하는 이해과목입니다. 그 시대 선조들이 왜 이렇게 하였고 이런 일이 일어날 수밖에 없었던 심정을 이해하고 가슴에 새긴다면 국사가 왜 어려울까요?

현재 우리나라 역사교육은 '몇 년엔 무슨 일 몇 년엔 무슨 일이 일어났다' 라고 만 가르치고 있습니다. 마치 목차를 외우기 급급한 역사서를 가르치고 있는 것 같습니다. 왜 그 일이 일어났는지 우리 선조들이 어떤 생각을 가지고 일을 도모했는지 자세히 이야기 하듯 알려 주지 않습니다. 이런 부가적인 설명이 들어가서 아이들에게 이야기 해주듯 역사를 교육한다면 아이들이 역사를 어려워할까요? 언제부터 역사와 국사가 암기과목이 되었는지 모르겠습니다. 직접 가서 눈으로 한 번 보고 유래를 듣는다면 아이들은 역사가 지금까지도 우리 틈에서 살아 숨 쉬고 있다는 것을 느낄 수 있을 텐데 말입니다.

유태인들은 같은 이름을 쓰며 살아가는 사람이 많습니다. 할아버지와 손자의 이름이 같기도 하고, 삼촌과 조카의 이름이 같기도 합니다. 단순히 이름이 같아서 쉽겠다가 아닙니다. 유태인들은 아이가 커가면서 선조 중에 이름을 쓴 사람에 대해 이야기하며, 후세에 자신의 이름을 자손들에게 넘겨줘야 하므로 이름에 누를 끼칠 일을 하지 말아야 한다고 가르칩니다.

만약 지금 책을 읽는 당신이 '세종대왕'이라면 '이순신'이라면 어떻겠습니까? 그 이름에 누가 되지 않기 위해 지금보다는 더 노력하며 살아야겠다고 생각하지는 않았을까요?

우리나라에도 돌림을 쓰고 족보가 있습니다. 당신은 어디의 몇 대 손입니까? 본이 어디입니까? 물어 보면 어른들도 선뜻 대답하지 못 하는 경우가 허다한데 아이들이 알리 만무합니다. 우리가 모르기 때문에 아이들에게도 이야기해 줄 수 없는 것입니다. 이제는 찾아야 합니다. 바로 알고 좋은 것을 배우고 계승해 나가야 합니다.

우리는 우리의 아이들에게 위대한 인물이 우리 선조이고 그 선조의 이름에 누를 끼치지 않도록 행동하여야 한다고 가르쳐야 합니다. 또 스스로 그분들의 자손으로 자긍심을 가지고 살아야 합니다. 선조중 위인들을 알려 주어야 합니다.

우리는 우리 것을 모르고 살고 있고, 선조의 지혜를 잊고 살고 있습니다. 우리 선조들이 시행착오를 거치면서 이룬 많은 지적·물적 재산을 망각한 채 살아가고 있습니다. 세종대왕이 해시계를 만든 시점이 세계적으로 비교해 보아도 뒤지지 않는다는 역사적 사실을 알고 계십니까? 아시아에서 제일 먼저 월력과 일력을 계산하였고 그 계산은 현재 수학자들이 계산하여 보아도 오차의 범위가 작은 것은 알고 계십니까? 외국보다 비행 시도를 300년 이상 먼저 시도했다는 것을 알고 계십니까? 만약에 우리에게 문화가 계속 계승되었다면 그 어느 나라보다 과학이 발전해 있을 지도 모릅니다.

이렇듯 우리 선조들은 지금 우리보다 어쩌면 더 멀리 보는 식견을 가졌습니다. 세종대왕은 해시계를 두 개 만들어 하나는 지금의 청계 천에 설치하여 많은 사람이 볼 수 있도록 하였고 다른 하나 역시 많은 사람이 다니는 종로에 설치하였습니다. 이런 문화적 자긍심을 가질 수 있는 문화재를 복원해야 한다고 생각합니다. 그래서 우리 아이들에게 세종대왕의 마음을 배우고 역사를 알게 해야 합니다. 나아가 이것은 문화재에만 머무는 것이 아니라 관광자원이 될 것입니다.

역사는 고리타분하기만 한 것이 아닙니다. 역사는 낡은 것이 아닙니다. 지금도 시간이 지나 역사가 되고 있습니다. 우리의 인식에 역사는 고리타분하고 낡은 것이라는 생각부터 지워야 할 것입니다.

우리가 현세에서 미래로 한 걸음 더 발돋움하기 위해선 역사를 바로 알고 바로 가르쳐야 합니다. **조상의 정신을, 조상의 마음가짐을, 조상의 올곧음을, 배우고 가르쳐야 합니다.** '다른 사람이 하면 바뀌겠지'가 아니라 나부터 바뀌어야 한다고 생각해야 합니다.

엄마가
먼저 바뀌어야
아이들도
바뀐다

이 땅을 거처가는
사람들의 자세

이 글을 쓰게 된 이유는 미래가 걱정되어서입니다. 자라면서 우리의 미래가 참 암담했습니다. 미래가 밝지도 희망적이지도 않았습니다. 그런데 아이를 낳으면서 그것이 현실로 다가오고 있고 불안해 지고 있습니다.

우리 아이가 자라있을 20년 후에는 더욱 더 심해 질것이라고 생각이 들었고 '한국에서 살아가기가 참 힘들겠구나.'라는 생각했습니다.

현재 이민을 가는 사람이 많은 것으로 알고 있습니다. 주로 많이 배운 사람이 이민을 가고 있지요. 이는 곧 우리나라 인재가 해외로 빠져 나가고 있는 것입니다.

문제가 이쯤 되면 심각합니다. 우리의 미래를 책임지고 갈 인재들이 외국의 좋은 조건, 살기 좋은 환경을 찾아서 나가고, 능력 있는 사람들이 빠져 나가면서 우리나라 발전이 늦춰지고 있는 것입니다.

왜 능력 있는 사람들이 외국으로 이민을 갈까요? 우리나라의 미래가 불확실하기 때문입니다.

제 아이가 성인이 되기 전, 지금 중·고등학생이 성인이 된 시점을 생각하면 참 암담합니다. 자신들이 내키는 대로 행동할 것이고 나이 많은 사람을 대우해 주지도 않을 것입니다. 또한 질병도 증가할 것이고 기형아 문제도 심각할 것입니다. 이 상태를 우리가 지켜보며 같이 살아가야 합니다. 이런 문제는 **한 개인의 문제가 아니고 우리 모두의 문제이며 더 나아가서는 국가 차원의 문제입니다.** 이 문제를 바로잡으려면 현재 엄마들의 노력이 필요합니다.

아이들이 우리의 미래인데, 그 아이들이 방황하고, 내키는 대로 즐기고, 행동하고, 자제 할 줄 모르고 커가고 있습니다.

이 세상에는 안 귀한 자식 없습니다. 이 세상에 태어난 사람은 누구나 귀한 존재입니다. 그런데 귀하다고 해서 막 키우는 것은 아니라고 생각합니다. 혹시 여러분은 우리 아이가 다른 아이에게 맞고 오면 "바보같이 왜 맞고 다녀? 너도 때리고 다녀. 치료비 다 대줄 테니까!"라고 말하고 있진 않은요? 학교에서 선생님이 아이를 혼냈다는 소리를 들으면 발끈하고 있진 않은가요? 지금 사회 전반적으로 문제가 있습니다. 누가 먼저가 아니고 우리 모두가 한꺼번에 바뀌어야 합니다.

선생님은 부모님에게 믿음을 보여주어야 합니다. 예전 서당의 훈장 선생님과 같은 마음으로 아이를 교육하고, 이 나라 이 세계에 이바지할 수 있는 아이가 되길 바라는 마음으로 아이들을 훈육해야 합니다.

지금 교육계에서는 선생님의 위상이 땅에 떨어졌다고 말합니다.

몇몇의 선생님이 감정적으로 아이들을 대했고, 아이들이 그 감정을 느끼고 더 감정적이 되어 반항심이 나타나 더 엇나가게 되고 골이 깊어지는 양상입니다.

그런데 정말 잘잘못을 선과 악으로 나누어 따져서 아이에게 '네가 잘못한 것이 어떤 부분이고, 이런 것은 기본적으로 사람이 선과 악으로 따졌을 때 악이다. 그래서 선생님이 다시는 이런 행동을 하지 말라고 따끔한 느낌을 주어 마음에 새기도록 하는 것이다.' 말한 후 아이가 이에 대해 동의를 하는지 물어 보십시오. 아이는 우발적으로 했더라도 자신의 잘못을 느끼는 순간 부끄러워하고 수긍하며 반항하지 않을 것입니다.

유치원에서도 마찬가지 입니다. 어린아이들이 모를 거라고 생각하십니까? 아닙니다. 사람은 태어나면서 잘 잘못을 판단하는 지능을 가지고 태어납니다. 그렇기 때문에 영유아기를 거치며 6~7개월 된 아이도 자기가 잘못하면 도망가고, 눈치 보는 모습을 볼 수 있습니다.

아이들은 자기 맘대로 행동하려 하는 것입니다. 이때 어떻게 해야 하느냐? 부모는 아이에게 안 되는 이유를 이야기 해주어야 합니다. 안된다고 하는데 아이들은 이유를 모릅니다. 왜 안 되는 것인지 이야기 해 주어도 잘 모릅니다. 그래도 반복적으로 이야기 해주어 습관처럼 몸에 배게 해야 합니다.

유치원선생님도 마찬가지입니다. 아이가 잘못하면 선생님이 감정조절을 못해서 아이에게 함부로 대할 것이 아니라 아이와 눈을 보고 이야기해야 할 것입니다.

선생님들 입장 바꾸어서 생각해 보세요 선생님들에게 어떤 사람이 손가락으로 머리를 콕콕 치며 이야기 하면 선생님 기분이 어떨까요? 아이들은 어리다고 이런 감정을 모를까요? 못 느낄까요? 절대로 아닙니다. 알고 느끼기 때문에 집에 가면 '누구 선생님이 싫다', '누구 선생님은 좋다' 이야기 하는 것입니다.

아이들에게 감정적이 아니라 이성적으로 대해 주셔야 합니다. 감정적으로 대하면 아이들의 반항심을 사게 되고 부모님들이 선생님들을 못 믿는 지경이 된 것입니다. 선생님으로써의 중심을 지키고 감정을 다스려서 아이들에게 공평하게 아이들의 감정을 상하지 않게 하며 아이들에게 교육을 시켜야 할 것입니다.

우리 옛 훈장 선생님을 떠올려 보세요. 훈장 선생님은 근엄하셨고 올곧으셨습니다. 엄하시기도 하셨죠. 그러나 훈장 선생님을 무시하는 아이는 없었습니다. 그때는 지금보다 학문이 발달하지 않았는데 말입니다. 그 이유는 개인의 감정에 치우치지 않았고, 눈앞의 사사로운 이익에 넘어가지 않았으며, 아이에게 바른 마음가짐과 행동을 가르쳐야 했기에 나부터 본을 보이려 했기 때문입니다. 스승이 본을 보여야 학생들도 바르게 자란다고 생각하여 몸가짐을 가볍게 하지도 않았으며, 언어 또한 가려서 사용하였습니다. 그렇게 근엄한 스승님을 함부로 대할 수 있었을까요? 절대로 그러지 못했을 것입니다. 아이들은 그 근엄한 기운에 스승님 앞에만 서도 긴장을 하였고 스승님의 올곧은 행동과 마음을 배우려고 노력하였습니다.

지금 우리나라 선생님들께는 죄송하지만 우리 선생님들은 근엄함은 없으신 것 같습니다. 벌을 내리고 혼을 내며 세워지는 근엄함이 아니라 선생님으로서 존경하고 본받아야 하는 근엄함을 말씀 드리는 겁니다. 오히려 아이들에게 다가가야 한다는 생각으로 아이들과 너무 거리를 좁혀온 폐단이 아닌가 생각합니다. 아이들이 선생님을 친구 대하듯 하고 아이들이 선생님을 무서워하지 않습니다. 아이들에게 지식을 전달 해 줄 수는 있지만 인성을 바로 잡아주시긴 어렵다는 생각이듭니다. 아이들이 인성이 바로 잡히지 않은 상태에서 지식만 쌓이게 되고 그 지식이 바른 방향이 아닌 나쁜 방향으로 쓰여 지면 바로 그것이 범죄가 되는 것입니다.

훈장 선생님들 또한 아이를 사랑하는 마음은 크셨습니다. 그러나 표현하는 일은 절대로 없으셨습니다. 제자를 사랑하는 마음이 표현이 되고 그것을 아이들이 느끼게 되면 아이들 사이에서 싸움이 될 수 있기에 오히려 잘 하는 아이에게는 더욱 엄하게 하였고 못 따라오는 아이는 잘 구슬려서 따라 올수 있도록 하셨습니다.

비단 이것은 서당에서 만이 아니었습니다. 집에서도 '미운자식 떡 하나 더 준다.'란 속담이 있었을 정도입니다. 부모는 안 예쁜 자식은 없습니다. 그러나 잘 하는 자식이 더 눈에 들고 주변사람들에게 더 자랑하고 싶은 것도 사실 이지요. 그러나 그것 또한 우리 선조들은 자중해야 하며 눈에 안 차는 자식일수록 떡이라도 하나 더 주어 격려 해야 한다는 것입니다.

선생님으로 불려지는 모든 분들은 지금 자신의 감정이 개입이 되어 아이를 바라보고 훈육하고 계시진 않으신지 뒤돌아보아야 할 것입니다.

현 상태의 학교에서 아이들을 잡아 주길 바라는 것은 무리 입니다. 선생님의 말이 먹히지 않는, 선생님은 단순히 지식을 전달해 주는 사람으로 전락해 버린 현실에선 아이들에게 바른 가치를 옳고 그름을 잡아주기를 기대하긴 어려울 것 같습니다.

아이들이 자라면서 저절로 철이 드는 것은 아닙니다. 가르치지 않으면 아이들은 저절로 철이 들지 않습니다. 아이들의 선악을 구별하는 시기는 3세에서 5세 사이입니다. 그런데 이 시기 또한 마구잡이로 자란 아이들은 '현재 즐거우면 그만이다' '공부가 다다'라고 생각하면서 자라고 있습니다. 이 문제를 어떻게 바로잡아야 하는가는 바로 우리 역사를 되돌아보면 답이 있습니다.

우리 선조들은 오히려 우리보다 조기 교육을 더 중시 여겼습니다. 옛날 궁 안의 왕자와 공주의 조기교육은 당연하였고, 민가에서도 글을 읽기 시작하면서부터는 삼강오륜을 먼저 가르쳐서 사람이 살아가야 하는 도리를 깨우치게 하였습니다.

아이들 인성을 바로잡아 주면 아이들이 커가면서 옳고 그름을 스스로 판단하게 될 것입니다. 나쁜 일은 자연스럽게 하지 않으므로 범죄율도 줄어들 것이고, 서로 배려하며 자라면 나라에 정이 넘쳐날 것입니다.

그런데 우리는 거꾸로 하고 있습니다. '어려서 모른다, 어리니까 조금 더 커서 하지' 생각하고 있습니다. 사람이 사람으로서 살기위한 도리를 깨우치지 않고 자라난다면 교육하지 않고 자라는 것과 다름 없습니다.

글을 읽고 유창하게 영어를 하는 등 모든 면에 뛰어나지만 인성이 바로잡혀 있지 않다면 아이는 사회에 나가서 외면당할 것입니다. 자신의 능력이 다가 아닌 세상입니다. 외국의 회사들은 나 자신만 아는 사람을 바보라고 일컬으며 채용하지 않는다고 합니다. 인격적으로 덜 성장하였다고 판단하는 것입니다.

우리 아이들의 머리에 지식뿐 아니라 인성이 바로잡힐 수 있도록 '엄마들의 힘'을 보여주어야 합니다. 엄마들의 힘이 시급한 현실입니다. 시간이 별로 없습니다. 우리 아이들이 바르게 자라주어야 우리의 미래가 있는 것입니다. 선조들은 삼강오륜을 익히고 지키고 마음을 수련하여야 한다고 했으며 공부를 게을리 하면 안 되고 마음을 다스릴 줄 알아야 한다고 하였습니다.

박혁거세는 13세에 왕에 올랐고, 광개토 대왕은 12세 때인 386년 태자로 책봉되고 아버지가 일찍 죽자 17세 때에 왕위에 올랐습니다. 세종대왕 또한 13세 때 충녕대군으로 22세 때 왕위에 올랐습니다. 율곡 이이는 13세에 과거에 급제하였습니다.

우리 아이들은 어떤가요? 13살이면 초등학교 6학년입니다. 혹시 '너무 어려서 아이가 뭘 알아?' 하고 넘어가고 계신가요? 이미 그 나이는 알 것은 다 아는 나이입니다. 그런데 부모님들이 아이들의 한계를 생각의 틀 안에 가두는 것입니다.

'나의 한계는 내 스스로 정하는 것이다'라는 말이 있습니다. 우리 아이들의 한계는 부모님이 이미 정해 놓은 것 같습니다. 세종대왕은 13세에 천하를 다스를 준비를 하였는데 우리 아이는 어떤가요?

외국의 경우 공부해서 자기 자신을 위해 쓰라고 가르치지 않습니다. 열심히 공부해 나라에 기여하고 남을 위해 봉사하고 가난한 자를 위해 쓰라고 교육합니다. 그런데 우리나라의 경우에는 공부해서 남을 주는 것이 아니라 오로지 자기 자신을 위해서 공부하는 것이라고 가르칩니다. 그렇게 다른 생각을 가지고 자란 아이들의 목표점이 같지 않을 것입니다.

미국의 한 고등학교의 목표는'공부해서 세계를 위해 사용하자'라고 합니다. 이 학교를 졸업한 학생의 3명중 1명이 인명사전에 등록 되어 있다고 합니다.

목표의 차이가 다르기 때문에 결과에 도달하였을 때 차이가 나는 것입니다. 우리는 목표를 좋은 대학, 좋은 직장 등 개인의 성공에 국한해 두었고 그로 인해 개인의 욕심이 더 생겨나고 그것을 베풀 줄 모르고 살아가는 것입니다. 세상을 위해 쓰려고 열심히 공부하는 사람과 자신의 성공을 위해 공부하는 사람의 그릇의 크기는 엄청난 차이를 보일 것입니다.

후진국이라 불리는 아프리카를 돌아볼까 합니다. 아프리카의 경우 우리보다 선진문물을 먼저 받아들였습니다. 아프리카의 대다수가 유럽의 식민지였고 그로 인해 우리와 같이 무분별하게 선진 문물이 들어왔습니다. 해방 후 자국민의 민주주의가 실현되는 듯 하였으나 정부의 부패로 개인주머니를 채우는데 급급하였습니다. 아프리카의 고급인력들은 해외로 빠져나가 살기 좋은 곳으로 이민을 갔고, 아프리카에는 사실상 미래를 끌어갈 인재가 없었습니다. 그리고 미래에 돈을 벌 수 있는 프로젝트가 없었으며 그것을 준비하지 않았습니다. 그로 인해 아프리카는 지금의 상황에 이르게 되었습니다. 아프리카는 미래를 이끌어갈 인재들의 부족과 기술력의 부족, 경험의 부족 등으로 후진국이 되었습니다.

우리나라는 어떻습니까? 노벨 물리학상을 받은 사람은 아무도 없습니다. 일본의 경우 노벨 물리학상을 13회 수상하였습니다. 이유가 무엇일까요? 중국은 자국의 힘으로 인공위성을 60회 이상 쏘아 올렸고, 일본 또한 40회 이상 성공 시켰습니다. 하물며 북한도 자국의 힘으로 인공위성을 쏘아 올려 성공시켰는데 우리나라는 러시아와 합작으로 처음 쏘아 올렸습니다.

1967년 7월 미국의 닐 암스트롱이 최초로 달에 발 도장을 찍었습니다. 얼마나 우리가 뒤쳐지고 있는지 실감 나십니까? 미국은 해외여행을 벗어나 우주여행을 하고 있고, 우주에 자원을 찾고 있고 개발하고 있습니다. 그런데 우리는 자국력 만으로는 우주선조차 띄우지 못하고 있습니다. 이런 상황이라면 머지않아 우리는 아프리카처럼 무너질 수도 있을 것입니다.

우리도 아프리카의 사례를 바탕으로, 우리에게 맞지 않는 것은 과감하게 바꾸어서 우리 실정에 맞게 바꾸는 과정이 필요합니다.

이미 과거에 비해 현시대는 문명의 발달로 많은 것이 변하고 이룩하였으나 실질적으로 정신적인 부분은 과거를 탈피하지 못하고 있습니다. 물질적 근대화는 이루어졌으나 정신적 근대화는 아직 이루어지지 않았고 일제 강점기 직후에 묶여 있는 것입니다.

우리의 것이 무엇인지 우리에게 맞는 것이 무엇인지 찾아가고, 그것을 개발하고, 그것을 자식들에게 교육하며 계승해 나가야 할 것 들이 우리 사회의 전반적인 부분에 많이 있습니다.

자기만 아는 개인주의에서 벗어나 국가를 위해, 세계를 위해 이바지할 인재를 키워야 하고, 그러기 위해선 국가의 장기 프로젝트가 있어야 하며, 그것을 이끌고 갈 인력이 있어야 할 것입니다.

그렇다면 정신적 근대화란 무엇일까요? 바른 생각, 옳은 생각을 하고, 내가 아닌 남을 위해 기꺼이 봉사하며 약자를 도울 줄 아는 것입니다. 우리는 지금 자신의 눈앞에 놓인 이익만 쫓아가고 있습니다. 문명의 개항은 맞았으나 아직 우린 정신적 개항을 이루진 못한 것 같습니다.

우리나라에 상속세 폐지를 공약으로 건 대통령 후보가 있으면 아마 국민들과 재벌들은 환호할 겁니다. 그러나 미국의 경우에는 달랐습니다. 부시 대통령이 공약으로 상속세 폐지를 내걸었으나 미국의 100대 부자가 모여 반대 시위를 벌였습니다. "부는 상속되면 나라가 망한다."라고 외치며 오히려 상속세를 올려야 한다는 주장이었지요. 우리나라 사람들이 보면 '미친것 아니야? 돈 안낼 수 있는데 왜 저래?'라고 생각할 것입니다. 하지만 미국의 100대 부자들은 부가 상속되고 부익부 빈익빈이 심해지면 나라가 망한다는 생각으로 나라를 위해 개인의 이익은 뒤로 미뤘습니다.

실제로 부가 상속되는 과정에서 비리가 발생하는 경우가 빈번하게 발생할 뿐만 아니라, 고생해서 일궈낸 1세대는 같이 고생한 사람들의 노고를 알지만 그것을 상속받은 2세대부터는 그것을 일구기 위한 다른 사람의 희생과 노력은 잘 알지 못하는 경우가 많습니다. 그저 자신의 부모가 부자여서 상속이 되는 것으로 느끼며 행동하고, 모든 것이 자신의 것이라고 생각하며 욕심을 더 부리게 되는 것이지요.

그렇게 2세대가 지나고 3세대가 되면 어떨까요? 3세대들이 제대로 정신을 차리고 있지 않으면 기업이 망하고 회사가 문을 닫는 것입니다. 회사의 돈이 자신의 돈이라 생각하고 회사의 이익이 자신의 이익이라 생각하여 '내 돈 내가 쓰는데 누가 뭐래?' 하는 형식이 될 것을 미국의 부자들은 알고 있던 것입니다.

'노블레스 오블리주'란 말이 있습니다. 돈을 많이 가지고 있는 사람이 더 도덕적으로 행동해야 한다는 의미인데, 우리나라에서는 찾아보기 어려운 현실이지요.

스티브 잡스와 빌게이츠가 기부를 해서 그 어떤 단체나 나라에서도 구제하지 못한 아프리카를 먹여 살리고 있다는 사실을 혹시 알고 있습니까?

돈을 벌어 자기 뱃속만 채우기 급급한 사회는 한 치 앞을 내다 볼 수가 없습니다. 그런데 배운 지식을 가지고 나보다 못한 사람을 위해 쓰고 그것이 반복되다 보면 나라가 활발해지고 경제가 살아날 것입니다.

현재 우리나라에선 일어나선 안 되는 일들이 자꾸 일어나고 있습니다. 개인적으로 정말 무섭습니다. 우리나라가 아프리카와 같이 변해서 우리의 후손들이 다시 먹을 것을 걱정하고, 직장을 걱정하기 시작하다가 후진국에 속해 버릴까봐서입니다. 저축은행 회장이 국민을 상대로 사기를 치는 사상초유의 상황들이 발생하였습니다. 공기업이라 칭하는 은행에서, 절대로 셈을 정확히 해야 하는 은행이 서민들을 혼란에 빠뜨리고 회장이하 임직원의 배를 채운 것이 되었습니다.

우리나라는 국가별 부패지수 조사에서 불행히 꼴지를 하였습니다. 그 정도로 나라가 부패했고 사람들은 사리사욕을 챙기고 있는 것 입니다. 한때 개발도상국이었던 아시아의 여러 국가들과 아프리카의 국가들은 이렇듯 국가의 부패로 타국에서의 투자금액이 개인 사비로 충당되고 투자금이 사라지는 일이 빈번해지자 외국에선 더 이상 투자를 하지 않게 되고 자연히 경제가 죽고 말았습니다. 결국 자국의 힘만으로는 수익 창출이 어려운 시점에 도달하고, 또다시 후진국으로 추락 하는 현상이 발생한 것입니다. 그런데 현재 우리가 이 길을 달려가고 있는 건 아닐까요? 정치인들은 정치를 하면서 당파싸움만 하고 있고, 어떻게 하면 이목을 끌 수 있을까 고민하는 것 같습니다.

우리는 이 땅을 거쳐 가는 사람들입니다. 우리로 하여금 우리 자식들을 힘들게 해선 안 될 것이고, 그들이 불행하게 만들어선 안 될 것입니다. 그렇게 하지 않기 위해 우리가 지금 해야 할 일이 무엇인지 바로 알고 행해야 할 때입니다.

미래를 바꾸는 것은 누구 한 사람이 움직인다고 하여서 될 문제는 아닙니다. 그러나 나부터라도 시작한다는 생각으로 차근차근 변화해 간다면 충분히 미래를 바꾸는 것이 가능해질 것입니다.

미국의 한 통계학자가 '한 사람이 몇 사람에게 영향을 미치는가'에 대해 연구하였습니다. 이를 위해 사람이 죽었을 때 빈소를 찾는 장례식장에 가서 통계를 내었더니 보통 250명 정도가 되었습니다. 즉, 나 한 사람은 250명에게 파급효과를 끼칠 것이고, 그것이 반복된다면 파급효과는 상당하다는 이치가 됩니다. 그러니 나부터 시작하자는 생각을 가졌으면 좋겠습니다.

미래를 바꾸는 데는 비록 많은 시간이 걸리겠지만 우리가 지금 당장 할 수 있는 일은 아이들이 바른 사고를 가질 수 있도록 길러내는 것입니다. 예전에 신사임당은 자식들을 키우고 교육하면서 '바른 일이 아니면 하지 말라'고 가르쳤고 '옳지 않은 일을 보고 가만히 있지

말라'고 교육하였습니다.

우리 조상들은 '선비'정신으로 왕이 잘못하면 상소를 올려 왕의 잘못을 뉘우치도록 했고, '바른 것'이 무엇인지 항상 고민하였습니다. 국가를 위해서는 개인의 희생을 마다하지 않았고, 개인의 이익보다는 국가의 이익을 중시하였습니다. '국가가 있어야 개인이 있다'는 것이었고, 나는 국가에 소속되어있으므로 나라가 잘 돼야 한다고 생각하였습니다.

지금 시급한 것은 우리 청소년들입니다. 바른 사고를 가르치기에 너무 자라 버린 청소년들은 이미 자신의 생각과 주장이 생겨서 그들의 사고방식을 고치기 어렵지 않을까 걱정됩니다. 그러나 부모가 포기하면 자식은 끝입니다. 지금 현재 부모님은 포기하지 않고 아이들에게 옳고 그름을, 사람 됨됨이를, 선과 악을 가르치고 실천해 나가면서 나보다 남을 배려하고 내 자신의 욕심보단 국가에 도움이 되고 세계에 도움이 될 수 있는 큰 사람으로 키워내기 위해 노력해야 합니다.

그러기 위해선 엄마들이 먼저 알아야 하고 엄마들이 먼저 바뀌어야 합니다. 엄마들이 내 이익보다는 남을 먼저 배려하는 모습을 보여야 하고, 나라를 걱정하고 세계를 걱정하는 모습을 보여야 합니다. 그래서 아이가 자라면서 자연스럽게 나라와 미래를 걱정하고 그것에 이바지할 수 있도록 키워내야 할 것입니다.

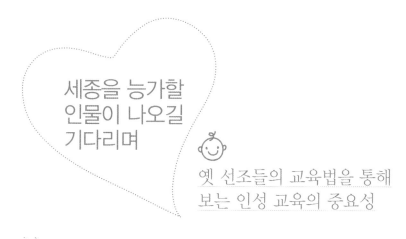

우리 선조들은 어떻게 아이들을 훈육했을까요? 우리 선조들을 유심히 살펴보면, 오히려 지금보다 조기교육에 더 능했다는 생각이 듭니다. 앞에서도 언급한 적이 있지만 세종대왕은 태아 때부터 교육을 하여 바른 아이로 키워 나라의 인재를 육성하기 위해 힘썼고, 궁에서는 태아기 때부터 악사들을 불러 좋은 것을 들려주고 좋은 감정과 좋은 인성을 키워주며 태어나서는 조기교육을 통해 인재로 거듭나게끔 노력을 기울였습니다.

조선 시대의 유아교육은 부모가 본이 되고 스승을 섬기며 친구와의 우정을 중시하였고, 사회가 바람직한 인간상을 추구하며 발전할 수 있었습니다. 소학에서는 조기교육을 구체적으로 설명하여 나쁜 습관이 생기기 전에 교육하고 바로잡아야 한다고 하고 구체적으로 6~7세의 유아교육의 내용까지 이야기하고 있습니다.

조기교육은 성장 후에도 영향을 미친다고 생각 아래 정성을 들여 태교 후 아기를 낳았으며, 태어난 후에 본격적으로 교육이 시작되었습니다. 왕세자 주변에는 높은 학식과 좋은 성품을 가진 사람들만 배치되어 이들의 행동을 따라 배우면서 인성을 기르게 하였고, 스승의 행동 하나하나를 몸으로 배우는 교육을 하였습니다. 이뿐만이 아니라 건강을 위한 체조를 하였으며 말타기, 활쏘기, 서예, 그림, 음악 등도 두루 익혔습니다. 또한, 학식 높은 스승님과 토론을 하는 경연도 열었습니다.

조금 더 자세히 살펴보면 왕자가 태어나면 〈보양청〉에서 아이를 양육하는데 이 기관은 현명한 이들로 채워졌습니다. 그리고 왕자가 세 살이 되면 말이나 행동, 감정이 형성될 시기이므로 이때 자연스럽게 바른 말과 바른 행동, 바른 감정을 배우게 하였고 인성에 중심을 둔 덕성 교육을 하였습니다.

그리고 5살 정도가 되면 〈강학청〉이란 곳에서 본격적인 수업을 시작하여 소학, 격몽요결, 천자문 등의 책을 보며 한자공부와 유학을 공부하였고, 매일 아침, 낮, 저녁으로 하루 세 번 45분씩 교육하였습니다. 예의를 갖추어 스승을 대하고 참을성을 기르며 바른 말, 바른 정신, 바른 행동을 중시하였음은 물론이고 명망 높은 학자들로 하여금 많은 것을 배우고 몸에 익히며 바른 생각을 하도록 하였습니다.

실제로 우리 아이들은 어떻습니까? 바른 생각, 바른 행동을 떠나 너무 대중매체에 중독된 나머지 아무 생각 없이 개그맨들의 말과 행동을 따라하고 만화 속 주인공을 따라하는 아이들. 조선 시대의 아이와 비교하였을 때 현저히 떨어지는 수준입니다.

왕자는 여덟 살이 되면 세자로 책봉되고, 정식으로 왕의 후계자로 인정받으면 성균관에 입학을 하게 됩니다. 왕이 되기 위한 지도자 교육을 받았고 이를 서연이라고 하며 〈세자시강원〉에서 담당하였습니다. 이때 가장 중시 한 것은 **'효'와 '덕'**이었습니다.

부모를 공경하고 스승을 존경하며 어른을 섬기는 바른 사람이 되도록 교육하는 것이고, 이로 인해 마음에 덕을 쌓아 큰사람으로 성장하기 위해 교육해 나가는 것이지요. 나라를 통치하여야 하고 백성을 살펴야 하는 왕이 되기 위한 첫 번째 덕목이었던 것입니다.

이때 왕자가 배운 학문은 천자문, 동몽선습, 소학, 효경, 사서오경, 중경등 유교경서와 역사서였습니다. 서연은 조강, 주강, 석강으로 나누어 진행되었고 음악, 미술, 말타기, 활쏘기 같은 교양과목도 추가되었습니다. 매일 서연이 시작되면 전날 배웠던 것을 확인하는 시험인 고강을 치러 학습의 태도 등을 판단하였고, 이는 매일 왕에게 보고되었습니다.

아마 지금의 우리 아이들보다 몇 배 힘든 교육을 했던 것 이지요. 아이는 3세부터 감정과 이성이 성장하고 그것이 5세가 되면 어느 정도 틀을 잡으며 8세가 되었을 땐 완전해져서 성인으로, 성군으로 자리 잡아 가도록 교육했던 것을 보면, 우리는 우리 아이들을 너무 어리광쟁이로 자라나게 하고 있는 건 아닌지 모르겠습니다.

이처럼 우리의 선조들은 어렸을 적부터 인성이 자라야 함을 생각하고, 예의를 중시하였습니다. 바른 본을 보이고 좋은 것을 접하고 학문에 힘썼습니다. 이는 유태인의 교육법과 비교해 보았을 때에도 전혀 뒤처지지 않는 것입니다.

물론 서양에서도 다양하고 유익한 교육법이 있습니다. 하지만 서양의 것은 서양의 문화입니다. 그들도 그들 나름대로 전통과 역사 그리고 지혜가 어울려 생성된 문화이겠지만 우리의 정서와 좀 맞지 않는 부분이 있는 것이 사실입니다.

조선 시대의 유아교육을 살펴보면 어떤가요? 우리의 정서와 생각, 삶의 이치와 동일하게 맞아 떨어집니다. 우리는 우리 것을 알기 전에 서양 것을 따라가기 급급했던 것은 아니었는지 곰곰이 생각해 봐야 할 것입니다. 우리의 전통적인 것을 그대로 따라하는 것이 아니라 현세에 맞게 다듬어서 우리 아이들을 훈육하고 세대에 맞게 교육해 나간다면 충분히 희망이 있다고 생각합니다. 우리 선조들의 지혜로운 육아교육 방법과 내용은 더 많이 알려져야 한다고 생각합니다.

우리 선조들이 학문과 예절, 교양에 이르기까지 두루 섭렵하여 몸에 익히고 스스로를 발전시켜 나갔던 8세. 지금 우리 아이들 초등학교 1학년입니다. 현재 우리 아이들을 보면 어떤가요? 학교 공부에만 치우쳐 체력이 떨어지고 의욕이 없는 아이들. 부모는 공부를 하지 않으면서 아이들에게만 공부를 강요합니다. 이 때문에 아이들은 반발심으로 가득합니다. 또한 컴퓨터와 대중매체 게임 등의 보급으로 인해 정신이 산란한 우리 아이들. 이런 아이들을 바로잡는 일은 다른 사람이 아닌 엄마가 '내 아이만이라도 바르게 키워야겠다'는 심정으로 키우지 않으면 안 되는 현실입니다.

조선 시대에는 정신을 산란하게 하는 것들이 적었습니다. 놀이도 건전했을 뿐더러, 자연을 거스르지 않아 해가 뜨면 일어났고 해가 지면 잠이 들었습니다. 그런데 우리 아이들은 해가 져도 잠에 들지 않습니다. 조명이 밝아오면서 아이들은 야행성이 되어 갑니다. 자연을 거스르고 살아가게 된 것이지요. 이로 인해 자연스럽게 많은 폐단이 생겨났습니다.

아침은 이성적 사고를 하게하고 저녁에는 감성적 사고를 하게 한다고 합니다. 아침에 외로움을 느끼기보단 저녁에 외로움을 느끼는 이유가 바로 이 때문이지요. 그런데 우리 아이들은 아침이 짧습니다. 일어나도 잠에서 깨지 않고 학교에 억지로 등 떠밀려 갑니다. 이런 아이들의 일상이 즐거울 리 만무합니다. 실제로도 학업에 집중할 수 없는 것입니다.

부모님은 객관적으로 아이를 바라보아야 합니다. 내 아이가 어느 위치에서 어떻게 행동하고 있는지, 그래서 무엇을 잡아주어야 하는지 다른 사람은 모릅니다. 오로지 부모인 엄마인 당사자들만이 알 수 있습니다.

아이들은 인격적으로 바로잡혀 있지 않아서 이 시기는 인격과 생각, 어른이 되기까지 모든 것을 배우며 성장해 가는 과정입니다. 이 과정을 어떻게 바로잡아 줄 것인지는 부모의 역할이고 엄마의 역할입니다. 바르게 가르쳐 바르게 키워낸다면 세종을 능가할 만한 인물이 나오지 않을까요?

찬란한 역사를 만들 인재는 아이들이다

아이를 위해 부모가 해야 할 10가지 역할

    지금까지 우리가 현실에서 무엇을 잊고 사는지 무엇이 결핍되어 왜 아이들이 우우죽순으로 자라고 있는지 돌아보았습니다. 이 문제는 누구 한 사람의 문제가 아닙니다. 우리 모두의 문제이고 나아가 나라의 문제이자 미래의 문제입니다. 이를 바로 잡기 위해서는 나로부터 시작해서 내 자식만이라도 바르게 키워야겠다는 엄마들의 확고한 의지가 없고서는 불가능한 일입니다. 우리 아이들의 미래를 위해서 지금 어머니들이 좀 힘들더라도 노력하고 인내하고 이성적으로 객관적으로 아이를 키워 나가야 할 것입니다.

    어떻게 아이를 키워야 하는지 생각해 보아야 합니다. 선조들의 방식을 현세에 맞게 다듬어야 하고 역사를 알아서 아이들에게 교육해야 하며 안 좋은 역사가 되풀이 되는 일은 없어야 합니다.

    찬란한 역사를 이룰 인재는 우리와 우리 아이들이겠지요. 아이를 위해 부모님이 해야 할 10가지 역할을 이야기 해 보려 합니다.

1. 바로 알아야 바로 가르칠 수 있다

우리는 역사를 수박겉핥기 식으로 알고 있습니다. 고대사부터 해서 근대사, 현대사와 세계사까지 너무 많은 지식을 가지고 방대한 자료 속에서 어떤 것을 습득하고, 어떤 것을 버려야 할지 모르고 살고 있습니다. 그런데 무엇보다 조선시대의 바른 역사는 꼭 어른들이 알아야 한다고 생각합니다. 가야시대부터 삼국시대를 거쳐 고구려를 거쳐 조선 시대까지 이르렀을 때 우리 선조들은 좋은 것은 취하고, 나쁜 것은 금하며, 사람이 사람답게 사는 것과 나라가 바르게 설 수 있는 방법이 무엇인지 고민하는 과정에서 그것을 변형시키고 발전시켜 왔습니다.

그러나 우리는 일본의 식민지를 겪으며, 우리의 문화와 역사 전반적인 부분을 모두 말살 당하였고 오히려 일본의 문화와 일본의 말, 일본의 것들이 우리에게 더 많이 남게 되었습니다.

이것의 폐단은 심각합니다. 실제로 우리가 현재 사용하고 있는 제사주는 일본 방식으로 만들어진 일본 술 입니다. 그런데 생각해 보세요. 일본의 탄압을 받은 우리 선조나 일본의 식민지를 벗어나고자 노력하였던 항일운동가에게 시중에 파는 술을 올린다면 조상님은 맛있게 술을 드실 수 있을까요? 최익현은 남의 땅을 밟지 않고 남의 음식을 먹지 않고 남의 나라 물 또한 먹지 않는다고 하여 유배지에서 굶어 죽었다고 합니다. 이런 분들의 제사상에 일본 술이 올라간다면 우리 조상님들은 아마 크게 노하실 것입니다.

우리가 바로 알고 바로 잡아가야 우리 아이들도 바른 것을 찾아 갈

것입니다. 우리가 먼저 노력하고 찾아가기 시작해야 우리 아이들대
에서 그것이 빛을 발하고 더욱 발전해 나갈 것입니다. 아이들 세대에
서 찾아가고 그것을 복원시키기는 불가능할 것입니다. 3세대 전의
일본에 의한 말살 정책의 빛이 지금에서야 최고조를 이루듯 지금
우리가 바로 잡아가도 3세대 후에야 그 빛이 날 것입니다.

2. 옛것은 낡은 것이 아니다

옛것이라고 하여 다 좋지 않은 구닥다리는 아닙니다. 옛것은 소중
한 문화재이고 소중한 관광자원입니다. 옛 선조의 생각과 행동 또한
올곧고 본받아야 할 점들이 많습니다. 신사임당께서 자녀를 기르는
방법도, 왕권정치를 펼치는 조선이 500년 역사를 지켜갈 수 있었던
것도 모두 합당하였기에 가능하였을 것입니다.

합당하였다면 당연히 배울 점이 많이 있겠죠. 임금이 백성을 생각
하던 마음, 신하가 임금께 충성하는 마음, 자식이 부모를 공경하는
마음, 부모가 자식을 사랑하는 마음, 부부가 존경하는 마음, 친구들
의 우정을 중시하는 마음 등이 토대가 되어 그것을 지키고 발전시켜
갔던 것입니다. 우리는 이러한 교육 사상과 마음 씀씀이까지 세세히
알아서 배워야 할 것입니다.

다른 사람이 먼저 시작하고 난 후에 내 아이를 가르치려면 그만큼
늦어지는 것입니다. 내 아이가 다른 아이보다 늦쳐지는 것 입니다.
우리나라 엄마들은 내 아이가 다른 아이보다 늦쳐지는 것을 싫어하
시지요! 그렇게 되지 않으려면 지금이 바로 시작할 때입니다. 지금

우리가, 지금 바로 내가 시작해야 합니다.

3. 없어진 우리 문화를 알고 찾아내고 복원하여
   후세에 물려주자

우리는 수많은 침략과 수탈, 전쟁과 식민지를 거치면서 좋은 문화 유산을 많이 잃어버렸습니다. 외규장각이 그것이고, 일본에 가 있는 우리의 도자기가 그것 입니다. 이런 문화제는 정당한 방법으로 반출 된 것이 아니라 강제로 빼앗아간 것입니다. 우리는 하루 빨리 이러한 문화제를 찾아서 국가로 환원되게 해야 할 것이며 유실된 유적들은 하루 빨리 복원하여 우리 아이들로 하여금 우리 선조들이 얼마나 대단한 사람들인지 알게 하고, 자긍심을 갖도록 하여야 합니다.

우리의 옛것을 찾아서 연구하고 복원하면서 그로 인해 파생되는 부분을 찾아서 미래의 경쟁력을 쌓아가야 할 것입니다. 예전에 건축한 다보탑, 석가탑은 신비롭습니다. 아직도 그것을 지어낸 기술이 정확히 알려지지 않고 있습니다. 그것을 알아가면서 그와 동일한 방법으로 다른 것을 만들고 그 방법을 연구 · 발전하여 또 다른 것을 만들 수 있다면 우리는 미래로 한걸음 발돋움하는 길일 겁니다.

4. 우리의 것이 세계의 것이다

　현재 우리나라는 세계의 문화를 주도해 가고 있습니다. '한류문화'라고 하여 우리의 음악, 춤이 세계인들의 관심을 받고 있습니다. 전세계는 한국의 문화에 심취해 있고 그로 인해 한국에 대한 관심도 더욱 커진 상태입니다.

　우리의 다기 문화가 일본으로 전해져 일본의 다기는 세계에서 최고로 쳐줍니다. 우리의 청자나 백자 또한 아직도 세계 최고라는 타이틀을 달고 있습니다. 우리의 건축양식도 신비의 경지입니다.

　이렇듯 우리는 세계의 최고라는 타이틀을 많이 가질 수 있음에도 불구하고 손 놓고 앉아서 구경하며 다른 곳만 바라보고 있습니다. 외국의 것이 더 좋고, 모든 것은 외국에서 먼저 시작하였고, 외국의 무엇인가가 우리의 것보다 낫겠지 생각하고 우리의 것을 소홀이 하고 있는 것입니다.

　그러나 우리의 것은 그 어느 것에 비교해 보아도 뒤지지 않는다는 것을 알았으면 좋겠습니다. 우리의 것이 그들과 겨루어 보아도 늦지 않다는 것을 알았으면 좋겠습니다. 그래서 우리나라의 자존감이 더 높아질 수 있고 그것이 세계로 뻗어 나갈 수 있었으면 좋겠습니다. 하루 빨리 많은 사람이 이와 같은 사실을 자각하고 자신의 분야에서 연구 개발한다면, 그리하여 우리 것을 복원하고 그것을 세계화할 수 있어야 할 것입니다. 우리의 자녀들로 하여금 허황된 꿈이 아닌 이상을 실현시킬 수 있는 꿈을 꾸게 하여야 하고 그것을 앞당겨 주어야 할 것입니다.

5. 자기 계발에 힘쓰자

아이를 낳고 몇 년 아무것도 못하는 허송세월을 보냈습니다. 물론 후회하진 않습니다. 그때 당시에 가장 충실해야 했던 육아에 전념하고 아이에게 집중하였으니까요. 그런데 최근에 와서 스스로 돌아보는 계기가 있었습니다. 세상에 필요 없는 존재는 없다고 하였습니다. 하나님께서는 모두 쓰실 곳이 있어서 만드셨다고 하셨습니다. 개인적으로 하나님께서 대한민국 엄마들에게 이 이야기를 하라고 절 보내주셨나 싶습니다.

어린 시절 순탄치 않은 삶을 살아 왔습니다. 유아기 시절 집은 많이 가난하였고, 11살 교통사고가 나서 걸을 수 없을 것이란 소리도 들었었습니다. 20대에는 두 번의 납치와 한 번의 강도사건을 당하기도 하였습니다. 그리고 가정사로 인해 신경 쓰고 챙겨야 할 사람도 많았습니다. 그런 와중에도 제가 바른 사고를 하고 바른 행동을 할 수 있었던 것은 어린 시절 엄하게 저를 가르치셨던 부모님의 영향과 독서 때문입니다.

호랑이 굴에 들어가도 정신만 차리면 된다는 생각으로 납치당하였을 때 빠져 나왔습니다. 다리가 부러져 6개월 동안 병원 신세를 지고 보조기를 하고 다녔을 때도 좌절하지 않았으며, 한 번도 걷지 못할 것 이라는 생각을 하지 않았습니다. 커가면서 그리고 아직도 다리가 종종 아프긴 하여도 잘 걷고 잘 뛰어 다닙니다. 제대로 걷고 뛰기 시작한 것은 중1이 돼서야 가능했습니다. 그전에는 툭하면 다리가 아파 목발을 짚어야 했고 발이 자랄 때마다 보조기를 바꾸어야 했습니다. 때로는 혼자 학교조차 가지 못해서 부모님이 데려다주기 일쑤였고 아이들에게 절름발이라고 놀림을 당하기도 했습니다.

그런데 저는 좌절하지 않았습니다. 절대 의기소침해지지도 않았습니다. 병원에서는 체육은 물론 발을 땅에 되도록 닿게 하지 말라고 하였고 달리기는 절대로 안 된다고 하였습니다. 하지만 5학년 중간부터 체육을 하겠다고 엄마를 졸라 5학년 말에 이르러서는 체육을 하며 조금씩 뛰기도 하였습니다. 한 번씩 체육을 하고 난 뒤 밀려오는 통증을 참아 내야 했지만, 그렇다고 다른 아이들이 다 하는 것을 나만 못하고 싶지 않았습니다. 그렇게 스스로가 스스로를 차단하고 싶지는 않았습니다.

초등학교 3학년 이후에 가보지 못한 소풍도 6학년 때 가보고 체육대회도 3년 만에 참석할 수 있었습니다. 달리기를 하여 2등을 했는데, 그 다음날에는 걸을 수 없을 만큼의 고통을 참아야 했습니다. 그런 상황이 반복되다가 중학교에 올라가면서 아픈 횟수도 줄고 목발 없이도 잘 걷고, 보조기 또한 착용하지 않게 되었습니다. 의학적으로 안 된다고 하였지만 한 번도 안 된다고 생각 한 적이 없어서인지 다리는 정상적으로 자랐습니다.

이처럼 어린 나이에 사고를 극복할 수 있었던 것은 어렸을 적 자주 듣고 읽던 고전의 도움이라고 생각합니다. '7전8기'란 말과 '열 번 찍어 안 넘어가는 나무 없다.'는 속담이 있듯이 도전하고 또 도전하다 보면 안 되는 일이 없다는 것을 책 속에서 배웠습니다. 스스로가 자신의 한계를 미리 정하지 않았으면 좋겠습니다.

한 미국의 대학교에서 꿈을 적으라고 하였습니다. 대부분은 상세히 적지 못하였고 3%만이 꿈을 상세히 적었습니다. 10년 후 그 리서치를 했던 사람들을 역으로 조사하자 자신의 꿈을 상세히 적은 3%는 대부분 꿈을 이루었고, 나머지 97%의 합보다 높은 수입을 올리고 있었다는 결과가 나왔다고 합니다.

또 아놀드 슈왈제네거는 자신의 품속에 꿈 리스트를 적어 보관하고 다녔다고 합니다. 그는 영화 주인공이 되고, 주지사가 되고, 부자가 되고, 명문가의 아내를 얻는 등 구체화된 꿈을 적어 소지하고 다녔고, 지금 그는 모든 것을 이루었습니다. 짐캐리는 수표에 100만 장자가 되겠다는 소원을 적고 품고 다녔으며 현재 100만 장자가 되어 있습니다.

이처럼 지금은 허황된 꿈일지 모르겠지만 그것을 종이에 쓰고 사람 앞에 발표를 하면 그 꿈은 더욱 가까이 나에게 다가옵니다. 반기문 유엔 사무총장도 어렸을 적 꿈을 많은 사람 앞에서 이야기함으로써 그 꿈을 이룬 사람 중 한 명입니다. 어린 시절 영어를 좋아했던 반기문은 우연히 미국에 가서 미 대통령을 만날 기회가 오고 대통령이 꿈이 무엇이냐고 묻자 외교관이 되는 것이 꿈이라고 대답했습니다. 반기문은 미국 대통령 앞에서 자신이 품은 꿈을 당당하게 이야기함으로써 '꼭 이루어야겠다'는 결의가 생긴 것이고 대통령께서 격려해주자 자신감은 두 배, 세배로 늘어났고 노력 끝에 현재 외교관의 대통령 자리에까지 이르게 된 것입니다.

꿈을 적고 그것을 계획하고 끝까지 포기하지 않는다면 대다수가 꿈을 이룰 수 있을 겁니다. 자신을 계발하고 자신의 능력을 높이기 위해 나의 꿈이 무엇인지, 내가 지금 해야 할 일이 무엇인지 정확하게 알고 자기 계발에 힘써야 할 것입니다. 나 자신을 위해, 우리 가족을 위해, 내 아이를 위해 조금이라도 앞으로 전진하는 삶을 살아가야 합니다.

6. 내 자식은 내가 바르게 키워야 한다

따돌림을 주도하던 아이가 학교에 걸리자 부모님이 "우리 아이는 그런 아이가 아녜요!"라고 말했다고 합니다. 즉 부모님이 아이를 정확하게 파악하지 못하고 있다는 이야기입니다. 아이와 부모의 대화의 단절이 첫째 문제이고, 교육이 둘째 문제인 것입니다. 셋째는 '내 아이는 안 그럴 것'이라는 왜곡된 인식이 문제입니다.

요즘에는 학교에서 모든 것을 가르쳐 주지 않습니다. 공부도 학원에서 대부분 배우고 학교는 그것을 확인하고, 객관화된 서열을 매기기 위한 장소가 되어 버렸습니다. 아이들에게 한 개라도 더 가르치자는 선생님보다는 아이들 성적을 위해 배운 것을 복습하는 선생님이 더 많아졌습니다.

이러한 상황인데 학교에서 아이들의 인성을 가르치고 지도할 수 있을까요? 불가능 합니다. 그럼 학원에서 아이들의 인성을 교육할까요? 역시 아니죠! 학원에서는 성적만 잘 나오면 그만인 것입니다. 이런 사정인데 가정에서는 인성교육을 제대로 하고 계신가요? 그것도 아니라고 봅니다.

아이는 학교다 학원이다 다니기 바쁘고 부모님은 회사다 집안일이다 모임 등으로 바빠서 온 가족이 얼굴 맞대고 밥 먹는 것도 힘들어진 세상입니다. 이런 상황에서 내 아이에게 너무 무관심한 건 아닌지 뒤 돌아 보아야 할 것입니다.

유태인 아버지들은 무엇에 미친 듯 빠져 들지 않는다고 합니다. 우리 선조들도 절제 또한 하나의 덕이라고 말한 바 있습니다. 그러나 현재 우리나라 아버지들은 일에 몹시 빠진 일중독도 있고, 모임이다 뭐다 해서 술중독도 있고, 운동중독, 책 중독 등 개인의 사회생활 때문에 가족과 일주일에 한 번을 마주 앉아 식사하기 힘들 정도입니다.

아이들과 대화는 단절이 된 것이 당연하고 오랜만에 얼굴을 본 아이는 부쩍 자라 있는 듯합니다. 그러니 서먹서먹하고 텔레비전으로 고개를 돌리게 되다가 그 무거운 분위기를 이기지 못하고 아이는 일어서 버리게 되는 것이지요.

아이들이 자라서 중·고등학생만 되어도 친구들이랑 노는 것이 재미있어서, 가족과 보내는 시간이 줄어듭니다. 그런데 가족과 함께 있는 시간이 즐거운 아이들은 주말 내내 나가라고 해도 나가서 친구를 만나지 않습니다. 주말은 가족과 함께 여행도 가고 맛있는 것도 만들어 먹으며 자란 가정에서, 아버지 혹은 어머니와 아이들 간의 단절은 찾아볼 수 없습니다.

유태인들 가정에서는 안식일을 지켜야 합니다. 그 시간에는 외출도 금기되므로 가족과 함께할 시간이 많고 아이들을 조용히 면담하기도 합니다. 우리나라에는 이런 풍습이 없지만 아이와 조용히 부자간 혹은 부녀간에 30분 정도 이야기를 나눌 시간을 마련한다면 아이의 정서는 안정될 것입니다.

또 유태인들은 식탁 주변에 텔레비전을 두지 않는다고 합니다. 그런데 우리나라 문화는 언제부터인가 식사를 하며 텔레비전을 보는 가정이 많이 늘어났고, 식탁에서조차 아이에게 집중하지 않고 텔레비전이나 신문에 집중하는 아빠가 많아지면서 아이의 선물을 인터넷 검색창에 문의하는 부모들이 늘어나는 것은 아닐까요? 그런 아이들이 자라서 부모가 되고 아이가 생기면 어떻게 할까요? 아이와 교감하는 것이 수월할까요? 그렇지 않겠죠! 아이들은 경험해 본 적이 없기 때문에 아버지가 보여주신 그 모습대로 자신의 아이들을 대하고 있을 겁니다.

이런 사소한 것도 아이들의 교육입니다. 부모인 우리가 아이들을 살피고 관심을 가져서 내 아이를 바로 알고 부족한 부분은 채워 주고 잘하는 부분은 칭찬하여 더 잘 할 수 있도록 격려를 아끼지 않아야 합니다.

예전에는 온 마을의 어른들이 선생님이었고 본받을 모습을 하고 있었지만 현재는 그렇지 않습니다.

지나가다가 중학생 여자 아이 다섯 명 정도가 담배를 피우고 있었습니다. 예전 같았으면 몸에 좋지 않은 담배는 피는 것이 아니라고, 특히 여자는 임신을 해야 하기 때문에 더욱더 입에 대지 않는 것이 좋다고 한마디 했을 것입니다. 그런데 혹시 쳐다보면 싸움이라도 날까 봐 제대로 쳐다보지도 못하고 그냥 지나쳤습니다. 조선 시대라면 지나가는 어른들이 아이가 잘못하는 걸 보고 그냥 지나치지 않고, 아이에게 잘잘못을 알려주었을 텐데 말이죠. 그런데 현재는 그것이 불가능합니다. 그러니 아이들을 방치 · 방임하게 되는 것이지요.

그 아이들 중 우리 아이가 있다면 아마 따끔하게 혼을 냈을 겁니다. 모두 모르는 아이들이고, 그 아이들과 시비가 붙으면 이길 자신도 없어서 그냥 못 본 척 돌아선 것입니다. 나 자신의 나약함이 부끄럽고, 안타까웠습니다. 그리고 아이들의 현재와 미래가 너무나도 걱정되었습니다. 잘못을 하고 있는데도 잘못이라고 말하지 못하는 어른들. 그 속에서 아이들은 잡초처럼 자기들 맘대로 자라나고 있는 것입니다.

예전에는 다른 어른이 혼을 내면 '아이가 잘못을 했으니까 혼나는 것이겠지' 하고 아이를 단속하였지만, 요즘에는 남의 아이에게 잔소리를 하면 일단 엄마가 좋아하지 않습니다. 아이들은 파출소에 신고를 할지도 모릅니다. 이런 무서운 세상이 되었는데 엄마들은 '내 아이는 안 그럴 거야!'라며 방치하고 살고 있다는 거죠.

우리 아이의 교육은 다른 사람에게 미룰 것이 아닙니다. 아니, 정확히 말하자면 다른 사람은 할 수 없습니다. 부모인 우리가 나서서 세밀하게 관찰하고 많은 이야기를 나누면서 아이와 교감하고 바른 생각과 행동으로 올바른 인성을 기를 수 있도록 교육해야 할 것입니다.

7. 일찍 일어나는 습관을 들인다

부지런한 것은 습관입니다. 습관적으로 일찍 자고 일찍 일어나는 것이 몸에 익숙해진다면 아이가 자라서 회사에 다니더라도 힘들어 하거나 피곤해 하는 모습을 보이지 않죠. 그런데 아이들에게만 일찍 자고 일찍 일어나라고 강요한다면, 아이들에게는 반발심이 생깁니다.

이 역시 부모가 먼저 본을 보이고 그것을 통해 아이가 자연적으로 따라하게 하여야합니다. 일단 처음이 힘들지, 한번 몸에 익히고 나면 그것은 습관처럼 자리 잡아 부지런한 사람이 될 수 있습니다.

민족사관학교의 기상시간은 아침 6시! 0교시는 체육시간입니다. 이 시간에는 전교생이 특기 체육수업을 받거나 체조를 합니다. 뇌를 깨워야 공부도 잘할 수 있다는 것입니다. 이는 과학적으로도 입증되었다고 합니다. 아이를 깨워 학교에 가기 전에 간단한 산책을 하며 이야기를 할 수 있다면 얼마나 좋을까요?

'아침에 학교 갈 시간이 부족해서' '아침 준비하느라 바빠서'라는 핑계는 대지 마세요. 산책할 시간만큼 일찍 일어나면 되는 것입니다. 간단하죠!

그렇다면 일찍 일어나는 것이 쉽냐고요? 처음에는 쉽지 않습니다. 일찍 일어나는 것이 어려우면 일찍 잠들면 됩니다. 일찍 일어나는 시간만큼만 일찍 잠자리에 들어 보세요. 이때 아이들이 텔레비전이나 게임 등에 빠져있으면 안되므로 온 집에 불을 꺼 보세요. 그렇게 일찍 잠자리에 들면 아침에 30분에서 1시간 일찍 일어나는 것이 그리 어렵지만은 않을 것입니다.

우리 몸에는 '사이클'이라는 것이 있습니다. 이는 잠잘 때도 마찬가지입니다. 렘 수면과 논렘 수면이 있다는 것은 많이 들으셔서 알고 계시죠? 사람은 렘 수면과 논렘 수면을 반복하면서 꿈을 꿉니다. 자면서도 너무 깊이 잠이 들면 안 되기 때문에 신체에서 호흡을 조절하고 실제로 움직이지는 않지만 뇌를 움직이게 하여 꿈을 꿈으로써 깊이 잠들어 깨어나지 못하는 현상을 막는 것이지요. 그런데 이 사이클이 2시간에서 2시간 30분이라고 합니다. 렘 수면 중에는 흔히 꿈을 꾸는 시간이고 이 렘 수면이 끝날 쯤 눈을 뜨면 몸은 상쾌하다고 합니다. 반대로 논렘 수면 시간대에 일어나게 되면 눈뜨기도 힘들고 몸도 개운치 않습니다. 뇌가 자면서도 깨어 있는 시간을 이용해 일어나면 덜 힘들다는 것이지요. 이 사이클은 밤새 반복되고 잠을 자고 일어날 때 짝수 시간대로 잠을 자면 일어나기가 쉽다고 합니다. 의문이 가시는 분들은 직접 집에서 한번 해 보시는 것도 나쁘지 않을 것 같습니다.

아이는 부모의 습관을 따라하게 되어 있습니다. 아이가 아침에 잘 일어나지 못하고 힘들어 한다면, 부모님의 습관을 한번 들여다보시기 바랍니다. 혹시 나의 나쁜 습관을 아이가 따라하고 있진 않은가 살펴보시기 바랍니다.

아이는 부모의 거울이라고 하였습니다. 아마 무의식적이든 의식적이든 아이는 부모의 모든 것을 보고 그대로 흡수하고 있을 것입니다. 4학년 여자아이 조카가 있는데 같은 반 아이가 학교에서 연필을 가지고 담배를 피우는 흉내를 내고, 술 먹는 흉내를 내며, 다리를 건들건들 떨면서 침을 뱉는 흉내를 냈다고 합니다. 이 아이가 친구나 동네 형이나 누나의 모습을 보고 모방을 한 것일까요? 아닙니다. 분명히 아빠의 모습을 보고 흉내 내고 있는 것입니다. 아빠가 의도하진 않았겠지만 은연중에 그런 모습을 보였고, 아이는 그것에 호기심을 가지고 그대로 모방을 한 것입니다.

이 모습을 본 친구들은 재미있다고 웃기는 하겠지만 집에 돌아가서는 흉을 봅니다. "엄마, 글쎄 우리 반 ○○○이 이렇게 행동했어." 반 아이들 대부분이 따라하진 않겠지만 호기심을 가진 아이는 그 아이에게 동화되어 따라하게 될 것입니다. 그런데 만일 그 모습을 선생님이 보신다면 어떨까요?

나의 습관이 나의 자녀를 비롯해 다른 아이들에게까지 영향을 줄 수 있다는 예입니다.

모름지기 어른은 아이에게 본을 보여야 하고 그 본은 특정한 날이나 특정한 장소에 국한된 것이 아니라 실제로 집안에서 사소한 것 하나하나가 중요합니다. 우리 속담에 '집에서 새는 바가지 밖에 나가도 샌다.'라는 말이 있습니다. 집에선 아무렇게나 행동하는데 밖에 나가서 제대로 행동 할 수는 없는 겁니다.

아이는 부모의 모든 것을 흡수합니다. 좋은 것이든 나쁜 것이든 분간하지 않고 흡수합니다. 아이들 앞에서 부모님들께서는 의식하여 좋은 모습을 보여주시려고 노력하셔야 할 것입니다.

호기심 많은 아이들은 관찰력도 뛰어납니다. 물론 엄마가 어떻게 교육하느냐에 따라 옳지 못한 행동을 따라할 수도 있고, 그렇지 않을 수도 있습니다. 그래서 엄마의 교육이 중요한 것입니다. 웃어른으로서 그것을 생각하고 행동을 판단한다면 실수를 줄일 수 있을 것입니다. 아이에게도 좋은 본보기가 될 것입니다.

옛 선조들은 엄하게 효를 강조하여야 나라가 바른 길로 나아가며, 건강한 나라로 굳건히 지킬 수 있다고 생각하여 엄하게 하였습니다. 가정은 작은 나라이므로 가정이 바로 서야 나라가 바로 선다고 하였으며 효 사상으로 500년의 찬란한 조선 시대를 열 수 있었던 것입니다.

안중근 의사의 어머니는 안중근의사가 일본인들에게 잡혔을 때 옥중 아들에게 편지를 보내어 '네가 조선의 귀감이 되고 우리의 민족의

식에 불을 지르려면 저항하지 말고 죽어라. 일본에서 살려줄 것도 아닌데 살려고 몸부림치지 말고 장렬히 죽어주어야 우리나라 사람들에게 역사적으로 민족의식을 불사를 수 있는 계기를 만들어 줄 것이다'라며 수의를 함께 보내었고, 이 편지를 받은 안중근 의사는 어머니의 편지대로 저항하지 않고 총살당하게 됩니다.

이렇듯 우리 선조들의 판단력은 냉정하였습니다.

율곡 이이의 모친인 신사임당은 '사람이라면 사람답게 살아야 하고 행동해야 한다'고 교육하였다고 합니다. 여기서 '사람답게'란 바른 사상, 바른 마음으로 바르게 행동함을 뜻하는 것이지요. 율곡 이이는 '사람은 평생 배워야 하고 마음을 가다듬어야 하며 해가 떴는데도 자리에서 잃어나지 않고 이불 안에 있으면 안 되고, 해가 졌는데도 잠에 들지 않고 주색을 찾는다면 사람이라 할 수 없다'고 하였습니다.

사람이 동물과 다른 것은 판단 할 수 있는 사고력입니다. 그런데 이 사고력의 기준이 요즘에는 애매모호 해졌습니다. 나만 아니면 되는 이기심이, 좋은 것은 다 내꺼 라는 욕심이 이 기준을 흔들고 있는 것이 아닐까요?

우리가 지금 우리 부모님에게 어떻게 하고 있는지 생각해 보아야 합니다. 아이는 더도 말고 덜도 말고 딱 그만큼만 할 겁니다. 보고 자란 것이 그만큼이기 때문입니다. 효자 부모 아래서 효자 아들이 자라나고, 바람둥이 부모 아래서 바람둥이 아들이 자라며, 술꾼 아버지 아래서 술꾼 아들이 자라납니다. 싫다고 하면서도 어느새 엄마를 혹은 아빠를 닮아가고 있는 자신을 보게 됩니다. 우리 아이가 나의 나쁜 모습을 보고 자라게 해서는 안 될 것입니다.

아이에게 단순히 일찍 일어나고 일찍 자는 습관을 알려 준다기보다 하나부터 열까지 좋은 본을 보여서 바르게 키워야 나중에 우리도 대접받고 살아갈 수 있다는 것이 느껴지나요? 나의 행동하나가 아이에게 미치는 영향이 느껴지는지요?

난 되는대로 행동하고, 되는대로 즐기며, 나만 좋으면 그만이라고 행동하면서, 아이에게 바르게 행동하고, 바르게 말하고, 바르게 자라라고 하는 것은 모순된 사고방식입니다. 지금 바로 여러분부터 바뀌어야 아이가 바뀌고, 그래야 미래가 바뀌게 될 것입니다.

'나 하나 바뀐다고 세상이 바뀌겠어?'가 아니라, 나부터가 바뀌어서 나로 인한 작은 파장이 아이들을, 그리고 내 주변 사람들을 바꾼다면 그 파장은 점점 커질 겁니다. 잔잔한 호수에 돌을 하나 던지면 그 물의 파장이 어떻게 되나요? 점점 커져서 나중엔 호수 끝에 다다르게 됩니다. 작은 돌멩이가 호수에 미치는 영향은 실로 큽니다.

지금 여러분이, 그 작은 돌멩이가, 되어 잔잔한 호수에 파장을 일으킬 수 있도록 나 스스로가 지금 바로 시작해야 합니다. 바른 본이 아이들을 바른 사람으로 키워 낼 것입니다.

8. 긍정의 마인드, 긍정의 힘, 긍정적으로 산다

'긍정의 마인드' 혹은 '긍정의 힘'이란 말들이 많이 있습니다. 긍정적으로 산다는 것은 어떤 일을 할 때 부정적으로 되지 않을 일부터 생각하지 않고 좋은 일, 좋은 방향을 생각함으로써 '잘 될 테니, 일단 하고 보자!'라는 생각으로 사는 삶을 의미합니다.

긍정적인 마인드를 가진 사람은 어떤 일을 시작할 때 '할 수 있어!' 란 생각을 가지고 시작하는 것이 아니라 '무조건 한번 경험해 보자!' 는 생각을 가지고 시작합니다.

무언가에 도전하고 그 도전을 성공으로 이끌면 좋겠지만, 모든 분야에 전문가가 아닌 이상 모두 성공으로 끝나긴 어렵습니다. 그렇기 때문에 도전하는 것 자체가 긍정적인 것입니다.

아무것도 하지 않으면서 안 될 일이라며 불평만 하는 것보다는 한 번 몸으로 부딪쳐 보거나 직접적으로 실천해 보고 문제점이 무엇이며 나와 어떤 점이 맞지 않는지 고려한 후 수정해서 다시 도전하는 과정이 반복되다 보면 어느 순간 그 분야의 준전문가가 되어 있을 것이고 성공도 눈앞으로 다가와 있을 것입니다. 그러므로 '긍정적'이라는 것은 '한번 해보는 것', 즉 '도전'인 것입니다.

패러글라이딩을 예를 들어 보겠습니다. 쉽지 않은 익스트림 스포츠입니다. 고소공포증이 있는 사람이라면 더더욱 그럴 것이지요. 그런데 이 패러글라이딩이 한번 올라갔다 내려오면 또 하고 싶은 중독성이 있습니다. 산 위에 오르고 하늘을 날고 수십 미터에서 수백 미터 상공을 날아다니기가 쉽지는 않은 일이지만, 그만큼 상쾌하고 스릴 넘치는 감동이 있는 스포츠입니다.

그런데 그 '한번'이 중요합니다. 경험하느냐 경험하지 않느냐는 많은 차이가 있습니다.

두 사람이 있습니다. 두 사람이 패러글라이딩을 하러 갔는데 한 사람은 무섭지만 타보기로 하였습니다. 기초훈련을 받고 전문가가 동승하여 타기로 하였습니다. 다른 한 사람은 무서워 주저주저 하다가

타지 않기로 하였습니다. 올라갔을 때 발생할 여러 가지 공포를 감당할 수 없다고 생각했고 만약 떨어지기라도 한다면 죽을지도 모른다는 생각이 들었기 때문입니다. 기초훈련을 받으면서도 고민하던 그는 결국 타지 않기로 결심하였습니다.

타기로 결정한 사람에게는 이 시간이 긍정적인 시간일 것입니다. 패러글라이딩이라는 새로운 분야에 도전을 한 것이고, 그것에 대한 지식을 쌓는 시간이며 그것을 경험하는 시간이 되지만, 타지 않겠다고 결심한 사람에게는 낭비의 시간이었을 뿐입니다.

눈으로 패러글라이딩하는 사람은 그저 구경하는 것이 되었지요. 이는 집에서 동영상으로 패러글라이딩하는 사람을 구경하는 것과 별반 차이가 없는 것이죠! 그 자리까지 갔다면 한번 도전해 보는 도전정신과 모든 것을 긍정적으로 바라보는 시선이 중요합니다.

그렇다면 이번에는 '긍정'이라는 사전적 의미를 통해 긍정의 효과에 대해 알아보겠습니다. '긍정'의 사전적 의미는 아래와 같습니다.

긍정 (肯定) ① 그렇다고 인정함 ② 사물의 일반적 관계를 나타내고 판단의 대상에 적극적 태도를 취함
긍정개념 (肯定槪念) ① 어떤 성질의 존재를 나타내는 개념 ② 지식 행복 친절 등 적극적 개념

즉 적극적으로 무엇인가에 임하면 즐거워지고 그것으로 인한 힘이 생긴다는 것이지요. 긍정적으로 살면 웃을 일이 많아집니다. 안 되는 것을 고민하기보다 '어떻게 하면 저것을 할 수 있을까'를 고민하기

때문에 두뇌 회전도 더 되고, 웃을 일이 많아지고, 자주 웃으면 건강해집니다. 억지로라도 웃으라고 이야기하기도 합니다.

우리 속담에 '一怒一老 一笑一小(일노일노 일소일소)'라는 말이 있습니다. 즉 한 번 화내면 한 번 늙고 한 번 웃으면 그만큼 젊어진다는 이야기이죠.

웃음과 관련하여서는 '웃음 치료'라는 것이 있습니다. 웃음 치료는 웃음을 활용하여 신체적 혹은 정서적 고통과 스트레스를 경감하는 치료법입니다. 건강을 증진하고 질병을 극복하는 보완적인 방법으로 사용되고 있습니다. 웃음은 역사가 기록된 이후 의학에서 계속 사용되어 왔으며, 13세기 초, 일부 외과 의사들은 수술의 고통을 경감시키기 위해 웃음을 이용했습니다. 16세기 로버트 버튼(Robert Burton)은 멜랑콜리의 치료법으로, 리차트 멀캐스터(Richard Mulcaster)는 신체적 운동의 하나로 웃음을 이용했다고 합니다. 17세기 허버트 스펜서(Herbert Spencer)는 과도한 긴장감을 완화시키는 방법으로 웃음을 사용하였고, 19세기 고트립 후펠란트(Gottlieb Hufeland)는 소화를 돕기 위해서 웃음을 사용하였습니다.

웃음 치료는 다음의 경우에도 활용될 수 있습니다.
- 환자의 통증 경감 • 일반인들의 스트레스 관리 및 정서조절
- 분노, 우울 등 정서조절 향상을 위한 치료의 일환
- 의사−환자 관계의 증진 • 상호 의사소통 증진

또한, 암까지 치료할 수 있다고 합니다. 실제로 모 방송에서 웃음 치료로 아토피를 치료하였는데, 6주 후 아이에게서는 아토피를 찾아볼 수 없었고 얼굴의 표정도 무척이나 밝아졌으며 일상생활을 할 수

있을 정도로 호전되는 것을 방영하였습니다.

　이렇듯 웃음은 약이 되기도 합니다. 긍정적인 마인드를 갖고 적극적으로 생활에 임하여 웃을 일을 많이 만든다면 아이들 교육과 가정의 행복에 더불어 건강까지 영향을 줄 수 있습니다.

9. 노블레스 오블리주를 실천한다

　'노블레스 오블리주'란 사회적 지위에 상응하는 도덕적 의무로, 초기 로마시대에 왕과 귀족들이 보여 준 투철한 도덕의식과 솔선수범하는 공공정신에서 비롯되었습니다.

　근대와 현대에 이르러서도 이러한 도덕의식은 계층 간 대립을 해결할 수 있는 최고의 수단으로 여겨져 왔으며, 특히 전쟁과 같은 총체적 국난을 맞이하여 국민을 통합하고 역량을 극대화하기 위해서는 무엇보다 기득권층의 솔선수범하는 자세가 필요했습니다.

　실제로 제1차 세계대전과 제2차 세계대전에서는 영국의 고위층 자제가 다니던 이튼칼리지 출신 중 2,000여 명이 전사했고, 포클랜드 전쟁 때는 영국 여왕의 둘째아들 앤드루가 전투헬기 조종사로 참전하기도 하였습니다. 6·25전쟁 때에도 미군 장성의 아들이 142명이나 참전해 35명이 목숨을 잃거나 부상을 입기도 하였습니다.

　그런데 이 노블레스 오블리주를 좀 다르게 해석하고자 합니다. 있는 사람이 솔선수범한다기보다는 아는 사람이 솔선수범하고 생각하는 사람이 먼저 움직이자는 것입니다. 돈이 많다고 해서 지적능력이 모두 뛰어나다고 할 수 없습니다. 돈이 없다고 해서 사고력이 떨어지지도 않습니다. 즉 바른 행동과 본보기는 누구라도 보일 수 있는 것이고 자신의 자리에서 모두 좋은 본보기를 보여 노블레스 오블리주를 실행하자고 이야기하고 싶습니다.

지금 각 자리에서 자신이 맡은 일은 다른 사람이 하긴 힘든 일입니다. 모 그룹 회장에게 당신이 하는 일을 맡기고 지금 당장 해보라고 한다면 그 회장도 아마 당황하고 실수도 할 겁니다. 이와 같이 자신의 위치에서 자신의 일은 다른 사람에게 맡기면 사고도 나고 엉망진창이 될 것입니다.

가정도 마찬가지입니다. 하루만 남편과 아내의 위치를 바꾸어 일한다면 어떨까요? 집은 난장판이 될 것입니다. 남편은 남편자리에서 꾸준히 해오던 일의 전문가가 되어 있는 것이고, 아내 또한 아내의 자리에 전문가가 되어 있는 겁니다. 그런 전문가들이 먼저 솔선수범하여 아이에게 좋은 모습을 보여야 하는 것이지요.

가정은 작은 기업이며 작은 국가란 말이 있습니다. 노블레스 오블리주는 사회적 지휘가 높은 사람들에게 솔선수범하고 자신이 먼저 움직이라는 의미이듯 가정 내 최고 지도자인 부모님이 먼저 움직여 여러분의 아이들에게 보여주어야 할 것입니다. 이는 선생님들도 마찬가지입니다.

노블레스 오블리주라고 하여 거창한 것이 아닙니다. 우리나라 말로는 솔선수범과 다르지 않습니다.

진정한 노블레스 오블리주를 실천하고 있는 일본의 한 기업이 있습니다. 이 기업은 기업에서 대학원을 설립하여 인재를 육성하였습니다. 이 대학원에 다니는 학생은 한 해 80명 정도로, 총 교육 과정이 2

년으로 이루어져 있고, 한 달에 우리나라 돈으로 약 270만 원 정도의 월급이 지급된다고 합니다.

그런데 이 대학원을 나온 인재들은 이 기업에 쓰일 목적으로 육성되고 있는 것이 아니라 일본을 이끌어갈 인재를 육성하는 곳입니다. 일본을 이끌어갈 젊은 지식인들을 위해 한 기업에서 기꺼이 회사의 이익을 분배하여 나라에 환원하고 있는 것입니다. 이로 인해 국가와 기업이 공생하고 같이 성장해 나가는 것입니다.

실제로 이 대학원을 나온 학생 중 단 한 사람도 자회사에서 일하고 있지 않다고 합니다. 진정으로 미래를 걱정하고 나라를 걱정하는 일본인의 기업가에 의해 일본은 후퇴하려야 후퇴할 수 없는 나라로 나아가고 있는 것입니다.

내가 벌어서 내 자식들에게 내 가족들에게 쓰는 것이 아니라 나라를 위해 사회를 위해 쓸 수 있는 것이지요. 이렇게 교육된 인재들은 사회에 나와 더 큰 인물로 성장하고 자신이 받은 교육과 보은에 힘입어 더 많은 사람에게 베풀고 살 것입니다.

이 파급효과는 지금은 잘 모르겠지만 10년 후 50년 후에는 상당히 클 것입니다. 80명에서 160명으로 160명이 500명으로 1000명으로 늘어나는 것은 하기 나름이기 때문입니다.

미국 부자들의 반란도 있습니다. 부시 대통령이 공약으로 상속세를 폐지하겠다고 공약을 걸자 미국의 100대 부자가 나서서 반대시위를 했습니다. 돈이 많아서 권력을 누리고 세상을 지배한다면 불공평하겠죠. 미국의 깨어 있는 부자들 때문에 미국이 아직도 세계를 이끌어가는 주역이 아닐까 싶습니다.

10. 아이들을 냉정한 관점에서 대하고 객관화가 필요하다

아이들을 냉정한 관점에서 대하자는 것은 엄마의 개인적 감정을 실어 아이를 혼내지 않는 것을 말합니다. 엄마의 개인적 감정은 아이에게 상처가 될 수 있습니다. 아이의 잘못만 가지고 아이를 혼내면, 아이는 수긍을 하고 반성을 합니다. 그러나 거기에 엄마의 감정이 개입되어 아이를 혼내면 아이는 마음의 상처를 받고 반발심을 가지게 되는 것입니다.

감정적으로 아이를 혼내지 않으려면 정해진 훈육 방법이 있어야 합니다. 지정한 자리에서 지정한 방법과 때로는 지정된 체벌로 아이를 훈육한다면, 절대로 엄마의 개인적 감정이 섞이는 일은 없습니다.

앞에서 이야기 했듯이 우리의 선조들은 지정된 방법 이외에는 훈육하지 않으셨습니다. 서당에서건 집에서건 종아리를 걷고 종아리를 피가 날 때 까지 치긴 하였어도 손이나 다른 물건으로 절대 아이의 다른 부분을 때리지 않으셨습니다. 그 이유는 아이의 감정이 상하고 마음이 상하면 바로잡기 힘듦을 알았던 것이 아닐까요?

아이들과 이야기를 나눌 때도 부모님은 아이들에게 감정을 섞어서 이야기하지 말아야 합니다. 감정은 아이들에게 하여금 선입견을 만들어 줄 수도 있으며 아이에게 상처를 줄 수 있습니다. 아이들이 모를 것이라 생각하지 마세요. 아이들은 다 알고 있습니다.

아이들은 자신을 좋아하는지, 싫어하는지, 금방 알고 자신에게 우호적 감정을 보이는 사람과는 금방 친해집니다. 때로는 화가 난 할머니를 보며 눈웃음을 지어 웃게 만들기도 하고 때론 우울해 하는 엄마를 향해 '사랑해~'라며 달려와 쪽 뽀뽀를 해주기도 합니다. 이런 아이가 어찌 감정을 모른다고 하겠습니까?

아이들도 감정이 다 있습니다. 감정적으로 아이를 대하지 말고 이성적으로 대해야 아이가 바르게 자랄 것입니다. 마음을 보듬어주며 키워야 아이가 바른 성심과 바른 생각을 할 수 있습니다.

주변에 초등학교 1학년에 입학한 아이를 둔 학부모가 있습니다. 그녀는 가끔 아이에게 감정 조절이 안 되고 알려준 문제를 또 틀리면 화가 날 때도 있다고 이야기합니다. 그 이야기를 듣고 아이를 아이로 봐 주라고 말했습니다. 우리는 가끔 아이를 성인쯤으로 생각하고 있는 것은 아닌가 생각됩니다.

아이는 당연히 모르기 때문에 배워가는 과정인 것이고, 그것을 잘하지 못한다고 해서 부모가 화를 내서는 안 된다는 것이지요. 아이는 아이입니다. 아장아장 걷지도 못했었고 스스로 밥도 못 먹었고 연필 잡는 것, 말하는 것, 하나하나 차근차근 배워나가고 또 우리가 가르치고 있는 것이지요.

아이가 모른다고 하여, 실수하였다고 하여, 윽박지르고 화를 내선 안 되는 것입니다. 지금 우리 아이들에게 성인만큼 스스로 알아서 하라고 그것을 요구하고 있지는 않은가요? 아이를 아이로 인정한다면 아마 많은 감정적 부분을 제거하고 아이를 대할 수 있을 겁니다.

물론 아이에게 주도권을 빼앗겨선 안 됩니다. 하지만 아이의 영역에서는 아이의 의사를 인정하고 아이가 아이임을 인지한다면, 감정적으로 훈육하지 않고 이성적으로 훈육할 수 있을 겁니다.

만약 이것이 잘 안된다면 자기 객관화를 시켜 보는 것입니다. 내가 아닌 제 3자가 되어 나를 보는 것이지요. 어려운 고민 같은 것은 의외로 쉽게 풀리기도 합니다. 감정적인 부분을 제하고 보는 것입니다. '다른 사람이 만약 이것을 본다면 이와 같은 상황이라면 어떻게 하였을까?'를 고민하는 것이지요. 또 '다른 사람이 보고 있다고 생각한다면 어떻게 행동할까?' 생각해 보는 것이지요. 행동이란 누군가가 보고 있느냐 그렇지 않느냐에 따라 차이가 나서는 안 된다고 생각합니다. 따라서 '다른 사람이 보고 있다'라고 가정하고 행동을 해야 하는 것이지요. 그럼 더 이성적으로 행동할 수 있기 때문입니다.

가령 우리가 길을 가다가 쓰레기를 아무데나 버리려는데 누군가 뒤에서 따라오고 있다면 쓰레기를 함부로 버릴 수 없을 겁니다. 쓰레기통을 찾아서 버려야겠지요. 아무도 보고 있지 않으면 그냥 쓰레기를 버릴지 모르는데 다른 사람이 보고 있으므로 못하는 행동입니다.

이는 자기 자신의 양심을 지키는 일인데 실로 그 양심을 지키고 살아가는 것이 어려우니 다른 사람이 보고 있다고 생각하여서라도 지키려고 노력하는 것입니다. 그런데 가정 내에서는 아무도 보고 있지 않고 아이와 나 둘만 있으니까 아이에게 함부로 대하거나 감정적으로 대하는 일이 발생하는 것이라 생각됩니다.

'다른 사람이 나를 보고 있다.'라고 생각하고 행동해 보시면 자기 객관화가 더 쉽다고 생각합니다. 이 부분은 비록 아이에게만 국한되는 것이 아닙니다. 회사 일이나 나 개인적인 부분에도 객관화를 통해 자신을 바라본다면 더 능률적으로, 더 바른 방법으로, 더 양심적으로 행동할 수 있을 것입니다.

부모의 노력이
아이의 미래를
결정한다

아이를 바르게 키우는 10가지

　지금까지 우리 아이를 교육하기 위해서는 부모가 솔선수범해야 함을, 그리고 그 방법과 꼭 해야 할 일들에 관해 이야기해 보았습니다. 지금부터는 우리 아이를 바른 아이로 키우기 위해 본격적으로 해야 할 노력 10가지를 설명하고자 합니다.

　1. 못하는 것을 꾸짖기보다는 잘하는 것을 칭찬하자

　미국의 한 대학에서 어느 교수가 학생들에게 더 공부를 잘하라는 목적으로 중간 평가 후 성적을 공개했다고 합니다. 그러나 교수의 기대와는 달리 기말 평가 성적은 더 떨어졌다고 합니다. 그 이유는 학생들 모두가 잘하는 과목은 신경을 쓰지 않았고 잘 못하는 과목의 성적을 끌어올리기 위해 노력하다보니 오히려 성적이 떨어진 결과가 나온 것입니다.

잘하는 과목은 신경 쓰지 않았으니 당연히 성적이 떨어졌고, 못하는 과목은 재미가 없으니 쉽게 성적이 오를리 없었다는 겁니다. 결국 기말 평가의 평균은 거의 대부분의 학생들이 떨어져 교수의 의도와는 상반된 결과가 나왔던 겁니다.

여러분은 어떠신가요? 아이의 성적표를 받으면 떨어진 과목에 먼저 시선이 가진 않으신가요? 누구나 떨어진 성적에 먼저 시선이 갑니다. 그러나 잘하는 과목을 더 잘하게 도와주면서 못 하는 과목을 보충할 수 있도록 해 주어야 한다는 것입니다. 못 하는 과목에만 집중하다보면 성적은 더 떨어지게 되기 때문입니다.

우리 아이가 잘 하는 것이 무엇이고 잘 못하는 것이 무엇인지 알고 있나요? 알고 있다면 어떤 방법으로 잘하는 과목은 더 잘하게, 못하는 과목은 더 성적이 오를 수 있도록 어떻게 보충할 수 있을까요? 아이가 객관적인 시선을 가지고 자기 자신을 보게 하면 됩니다. 아이에게 "이 과목 성적은 왜이래?"라고 이야기하기 전에 잘한 과목을 먼저 칭찬해주는 것이 먼저입니다. 그 후 "○○ 과목은 성적이 좀 떨어진 것 같네. 어떻게 해야 할까?" 하고 아이에게 생각할 기회를 주세요.

아이가 스스로 만회할 수 있는 기회를 가질 수 있도록 하고 엄마는 아이를 도와줄 방법을 찾아보길 바랍니다. 특정 과목의 성적이 떨어졌다고 학원에 전화해서 "선생님, 어떻게 아이들을 지도하셨는데 아이가 성적이 이 모양이에요?" 하고 쏘아 붙이지 마세요. 아이가 엄마의 말을 듣고 있다는 걸, 엄마의 행동을 보고 있다는 걸 잊지 마시기 바랍니다. 아이는 엄마가 그렇게 반응하면 '내 잘못이 아니고 학원에서 혹은 학교에서 선생님들이 잘 못 가르쳐 주어서'라고 받아들이게 됩니다. 실질적으로는 공부를 안 한 아이의 책임이 더 큰데 말입니다.

아이와 방법을 모색한 후 아이를 도와줄 방법을 찾아야 합니다. 이를테면 아이가 그 과목을 보충할 수 있도록 예습·복습을 더 철저하게 한다고 하면 엄마는 매일 한 번 정도 확인은 해주어야겠지요. 문제집을 사서 풀고 싶다고 하면 문제집을 사주어야 할 것입니다. 아이가 어떤 방법을 선택하는지 지켜보고 그것을 유지해 나갈 수 있도록 도와주는 것이 부모의 역할입니다.

절대적으로 감정을 싣지 말고 차분히 아이를 믿고 기다리고 지켜봐 주세요. 아이 스스로 판단하는 것이 중요합니다. 아이가 스스로 자기 자신을 객관화시키고 무엇이 부족하고 어떤 방법을 찾아서 해야 잘할 수 있는지 생각하고 행동하는 것조차 아이의 판단 능력을 기르는 방법입니다.

그런데 이런 상황에서 "네가 뭘 잘했다고?" "네가 뭘 알아서 하니? 알아서 하는 게 이거야?"라든가 "그러게 진작 공부 좀 하지!" "성적이 이게 뭐야?" 등 아이의 마음을 다치게 할 만한 이야기는 하지 말아야 합니다. "우리 ○○, 잘 할 수 있을 거야!" "엄마가 도와줄 테니 ○○이가 노력해 봐! 그래도 안 되면 다른 방법을 찾아보자!" "꾸준하게 하도록 엄마랑 약속하자!"와 같은 방법으로 아이를 유도하는 것이 결과적으로는 아이에게 더 큰 효과가 있을 것입니다.

아이들의 기를 꺾지 않고 마음을 상하지 않게 하는 것이 엄마가 아이를 크게 키울 수 있는 방법이 될 것입니다. 전자처럼 이야기를 하면 어느 순간 아이는 '해도 안 되는 걸 어떻게 해!'라는 벽에 부딪치면서 공부를 놓아 버리게 됩니다. 후자의 경우에는 '안 되더라도 노력은 해보자!'라고 생각하겠죠. 노력하는데 성적이 안 오를 수 없고 그 아이는 공부가 점점 재미있을 겁니다.

이처럼 부모의 말이 아이를 성공으로 혹은 실패로 가게 만듭니다. 부모는 아이 앞에서는 절대적으로 말을 가려서 해야 합니다.

모 방송에서 실험을 하였습니다. 한 솥에서 한 밥을 두 개의 동일한 용기에 넣고 밀봉한 후, 한쪽에는 좋은 말만 들려주고 한쪽에는 나쁜 말만 들려주었습니다. 그렇게 2주 후 결과는 놀라웠습니다. 좋은 말만 들려준 밥은 많이 상하지도 않았고 곰팡이가 피었어도 하얀 깨끗한 곰팡이가 핀 반면, 나쁜 말만 들려준 쪽은 검은 곰팡이로 보기에도 싫은 곰팡이가 피어 있었습니다. 이처럼 말은 미물들에게도 영향을 끼칩니다.

"사랑해"라는 말을 들려주자 반짝이는 별이나 갓 피어오른 꽃봉오리 같은 예쁜 결정체를 띠고, "미워, 싫어"라고 이야기하자 아무렇게 던져서 깨진 유리조각처럼 어긋나고 매끄럽지 않은 결정체를 띠는 물방울. 이것이 우연일까요? 절대로 아닙니다. 물이나 쌀 등도 좋은 말은 하면 좋게 반응하는데 우리 아이들은 어떨까요? 아이에게 사랑한다는 이야기를 얼마나 하고 있나요? **혹시 우리 아이를 얼마나 사랑하는지 표현하지 않고 있는 건 아닌가요?**

아이가 태어났을 때를 생각해 봅시다. 뱃속에 10달 품고 있으면서 '부디 건강하게 무사히만 태어나다오' 생각했었는데 태어나고 나니 사람 욕심이라는 것이 다른 아이보다 잘 자랐으면 좋겠고, 다른 아이보다 빨랐으면 좋겠고, 영재교육이다 뭐다 주변에서 시끄러우니까

나도 해야 할 것 같고, 학교에 입학하면 1등만 했으면 좋겠고…… 부모 욕심인거죠!

여러분이 학교 다닐 때 모두 1등만 했나요? 반문해 보세요. 여러분이 엄마 아빠의 기대에 못 미쳤을 때 실망감을 느껴 보지 않으셨나요? 잘 하는 것이 무엇인지 몰라주는 부모님 때문에 속상하진 않으셨나요? 지금 우리 아이들에게 똑같은 실수를, 같은 잘못을 저지르지 말아야 합니다.

우리가 우리 부모님에게 받은 감정과 느낌을 아이들에게 고스란히 전해주기보단 아이가 즐거워하는 것이 무엇인지, 잘 하는 것이 무엇인지 빨리 파악해 그쪽으로 길을 만들어 준다면 아이는 평생 즐거운 일을 하며 살아갈 것 입니다. 또 엄마 아빠가 어떻게 이야기하느냐에 따라 아이의 진로 방향이 결정됩니다.

11살 조카에게 언제인가 '그림 잘 그렸네' 하고 칭찬을 했더니 아이의 꿈은 패션 디자이너가 되었습니다. 자기가 잘 할 수 있는 부분의, 칭찬 받을 수 있는 방향으로 꿈이 결정된 것이지요.

말이란 것이 참 무섭습니다. 칼보다 더 무섭지요. 칼은 외관상에 상처를 내지만 말은 마음 안에 상처를 냅니다. 칼의 상처는 일정한 시간이 지나면 완치되지만 말의 상처는 평생을 갈 수도 있습니다.

말은 물과도 같습니다. 물은 한번 쏟아지면 주워 담을 수 없듯이 말을 한번 잘못하게 되면 수습하기 힘이 듭니다. '발 없는 말이 천리 간다'는 말도 있습니다. 말의 파급력이 그만큼 대단하다는 것이죠. 말은 와전되기도 합니다. 받아들이는 사람에 따라서 그 정도가 점점 커지기도 하고 작아지기도 합니다.

이렇기 때문에 말을 잘 해야 하고 신중하게 해야 합니다. 혹시라도 내 말 한마디 때문에 다른 사람이 상처 받지 않을지 고민해야 하고 혹시라도 잘못된 언사로 아이가 마음 아파하지 않을지 고민해야 합니다.

아이는 나의 소유물이 아닙니다. 아이가 자라서 언젠간 상황이 바뀌게 됩니다. 아이가 우리를 지켜줘야 하는 시기가 옵니다.

지금부터 당장 말과 행동을 가려 하십시오. 부모로서 본을 보여 주십시오. 아이의 인격을 지켜주고 아이의 장점을 살려주십시오. 아이가 즐겁게 살아갈 수 있도록 방향을 잡아주고, 아이를 존중하며 키워주십시오. 아이의 인격을, 아이의 인성을 바르게 자랄 수 있도록 도와주십시오. 그것이 인재를 키워가는 방법이고, 그것이 바른 육아일 것입니다.

2. 아이가 어렸을 때부터 선과 악을 기초로 하여 가르치고 삼강오륜을 알게 해 주자

우리 아이들, 어떻게 자라고 있나요? 하고 싶은 말을 하고, 하고 싶은 행동을 하며 무절제하게 자라고 있진 않은가 궁금합니다. 아이가 '바르다, 바르지 않다'를 스스로 판단하여 바르지 않은 일은 스스로 하지 않도록 교육해야 합니다. 잘하고 잘못하고는 선과 악에 기준을 두어 스스로 자제할 줄 알아야 합니다. 그것을 처음에 잡아주어야 하는 사람이 바로 부모입니다.

현재 우리 아이들 중 비속어를 사용하는 아이들이 많아졌습니다.

그런데 부모님들은 통제를 하지 않고 있습니다. 다른 아이들도 그렇게 이야기하니까, 혹은 귀찮아서 일일이 이야기하지 않고 있는 건 아닌지 생각해 보아야 합니다.

아이를 데리고 보러 간 공연에서 어떤 아이가 나쁜 충치맨을 보고는 "죽여 버려!" "존나 밟아버려"라고 말하는 것을 들은 적이 있습니다. 그런데 옆에 계신 부모님을 가만히 있었습니다. '옆에 부모님이 계신 와중에도 저런 표현을 사용하는데 하물며 부모님이 보이지 않는 곳에서는 어떨까?' 하는 생각과 우리 아이들의 폭력적이고 무질서한 교실이 머릿속에 그려졌습니다.

저 친구가 자라 어른이 되어서도 똑같은 식으로 이야기한다면, 저 아이는 좋은 직장에서 일하고 있을까요? 좋은 친구들과 어울리고 있을까요? 절대로 아닐 겁니다. 바르게 이야기하고, 바르게 행동하는 것을 가르쳐야 하는 것입니다.

삼강오륜. 저희 선조들이 어린 아이 때부터 몸에 익히게 했던 예의범절입니다. 지금의 어린 아이들에게도 현재에 맞는 삼강오륜을 만들어 몸에 습관을 들일 수 있게 가르쳐야 한다고 생각합니다. 아주 어렸을 적부터 몸에 익숙해지고 예의범절을 지키며 살아가면, 그 아이가 컸을 때도 몸에 밴 예절은 쉽게 흐트러지지 않을 것입니다.

조선시대의 삼강오륜을 그대로 가르치자는 것은 아닙니다. 현재에 맞게 조금은 다듬어서 가르치자는 것이지요. '남녀 칠세 부동석'이런 것은 지켜지지 않아도 되지만 '부모님 공경, 스승님 공경' 등은 지켜져야 할 덕목입니다.

삼강오륜의 뜻은 '유교의 도덕에서 기본이 되는 세 가지의 강령과 지켜야 할 다섯 가지의 도리'라고 되어있으며, 삼강은 군위신강(君爲臣綱) · 부위자강(父爲子綱) · 부위부강(夫爲婦綱)을 말하며 이것은 글자 그대로 임금과 신하, 어버이와 자식, 남편과 아내 사이에 마땅히 지켜야 할 도리를 말합니다. 그리고 오륜은 오상(五常) 또는 오전(五典)이라고도 합니다. 이는《맹자(孟子)》에 나오는 부자유친(父子有親) · 군신유의(君臣有義) · 부부유별(夫婦有別) · 장유유서(長幼有序) · 붕우유신(朋友有信)의 다섯 가지로, 아버지와 아들 사이의 도(道)는 친애에 있으며, 임금과 신하의 도리는 의리에 있고, 부부 사이에는 서로 침범치 못할 인륜의 구별이 있으며, 어른과 어린이 사이에는 차례와 질서가 있어야 하며, 벗의 도리는 믿음에 있음을 뜻합니다.

삼강오륜은 중국뿐만 아니라 한국에서도 과거 오랫동안 사회의 기본적 윤리로 존중되어 왔으며, 지금도 일상생활에 깊이 뿌리박혀 있는 윤리 도덕입니다.

조금 더 자세히 알아보면 부자유친은 가정윤리의 실천덕목으로, 부모는 자식에게 인자하고 자녀는 부모에게 존경과 섬김을 다하라는 말입니다.

부모와 자식 사이는 사람이 태어나서 가장 먼저 맺는 인간관계이고, 이 세상에서 누구보다도 가장 친한 관계입니다. 더구나 이 관계는 천륜인 만큼 자기 마음대로 선택하거나 바꿀 수도 없는 절대적인 것이기 때문에 오륜 중에서도 첫째로 꼽습니다.

가정 내에서 부모와 자식 사이에 친밀과 사랑, 인자와 존경이 잘 유지된다면, 가정이 화목해질 뿐만 아니라, 사회생활도 원만해지며, 풍요롭고 발전하는 사회 문화를 이룩할 수 있을 것입니다.

군신유의는 요즘 시대와는 맞지 않으므로 생략하겠습니다.

부부유별 또한 가정윤리의 실천덕목으로, 남편과 아내 사이에는 서로 침범하지 못할 인륜의 분별이 있어야 한다는 뜻입니다.

이는 각기 다름을 인정하고 존중하자는 의미로 해석해야 할 것입니다. 남편은 회사 일을 열심히 하고 아내는 육아가 전담이고 그 이외의 가사 일은 분명히 나누어 분담하여야 할 것입니다. 남녀유별이라는 말과 함께 남녀 간의 차별이라고 생각하여 과거 봉건사회의 남존여비 사상에 나온 것으로 오해하는 사람도 있으나 여기에서 유별이란, 남자는 생리적으로나 정신적으로 씩씩하고 굳세며 강하고, 여자는 유순하고 섬세하며 아름다운 본래의 특성을 잘 살려, 남자는 남자답고 여자는 여자다워야 한다는 뜻입니다.

자녀를 낳아 기르고 교육하는 데에도 아버지로서의 남편과 어머니로서의 아내의 본분이 서로 다릅니다. 아버지는 엄격하게 대하고 어머니는 자애로 감싸 주어야 자녀가 강직하고도 훌륭한 인격을 갖추게 되는 것이지요. 부부 사이가 비록 사랑하는 사이라 할지라도 서로 인격을 존중하고 자신들의 본분을 서로 지키는 분별함이 있어야 부부간의 사랑도 영원할 수 있는 것이며, 가정생활도 원만해지고 사회도 좋아지는 것입니다.

장유유서는 어른과 어린아이 사이에 사회적인 순서와 질서가 있음을 말합니다. 이는 어른을 공경하고 아이를 보호하려는 우리 선조들의 지혜가 아닐까요? 어른은 모범을 모이고 아이를 바르게 이끌어야 한다는 것입니다.

붕우유신은 친구 사이에 지켜야 할 도리는 믿음에 있다는 인륜의 실천덕목입니다. 사람은 혼자는 살 수 없습니다. 항상 서로 사귈 벗을 찾아 함께 어울리며 살아갑니다. 어릴 때 함께 놀며 자란 죽마고우(竹馬故友), 학창시절의 학우나 동창, 군대의 전우, 사회에 나가서 사귄 동료, 회원·동호인 등 벗은 많이 있습니다. 그렇지만 어떠한 벗이든 벗과 서로 사귀는 데에는 믿음이 있어야 한다는 뜻입니다.

중국 노(魯)나라의 사상가 증자(曾子)는 믿음을 중시하여 '벗과 사귀는 데 믿음이 있었는가?'를 날마다 스스로 묻고 반성하였다고 합니다. 아무리 사회가 변하고 오랜 세월이 지나더라도 자신이 사귀는 벗이 진실하기 때문에 믿을 수가 있는 것입니다. 이 믿음은 확실한 신념으로 굳어지면서 사회에 확산되면, 마침내 불신의 풍조는 사라지고 오직 진실만이 통하는 풍조가 이루어져 모든 사람이 안심하고 살 수 있는 인간사회가 실현될 것이라는 거지요. 불신 풍조가 만연한 현대사회에 이 윤리야말로 더욱 필요하고 중요시 해야겠다는 인식이 높아지고 있습니다.

성인은 자각을 하면 노력을 통해 고칠 수 있지만, 아이들은 아주 어렸을 적부터 교육하면 자라서도 그것이 몸에 배어 의식적으로 하려 하지 않아도 자연히 지켜질 것입니다. 그렇다면 그로 인해 가정 안에서도, 나라 안에서도 예의가 있는 세상이 되겠지요.

현재 4세부터 다니는 유치원에서 삼강오륜을 아이들에게 가르치고 몸에 익히도록 하여야 한다고 생각합니다. 그리고 동화도 창작동화 같은 아이들 창의력을 길러 주는 동화도 좋지만 삼강오륜을 근거로 하는 동화책이 많이 보급되어서, 효가 무엇인지 사람이 살아가면서 지켜야 할 예의가 무엇인지 아이들이 생각하고 판단하여 몸에 익힐 수 있어야 한다고 생각합니다.

삼강오륜의 예절은 지금 같은 무절제의 세상에서 우리와 우리 아이들에게 꼭 필요합니다. 이것은 우리 모두가 손잡고 해야 할 일입니다. 무엇보다 엄마들이 자신의 자녀에게만은 꼭 교육해야 할 일입니다.

사람을 존중하고 예의가 기초가 된 아이들은 세계의 어느 나라에서도 환영받을 것이고, 거기에 지혜를 곁들이면 이 세계를 이끌어갈 사람은 우리나라의 아이들일 것이라고 확신합니다.

3. 역사를 바로 알게 하고 선조의 지혜를 가르친다

우리나라 역사는 참 어렵습니다. 많은 싸움과 침략이 있었고 많은 것을 잃었습니다. 이 문화가 앞으로 되풀이 되지 말란 법도 없습니다. 조선의 시대가 500년인데 지금 우리는 해방한지 100년이 되었으니 앞으로 400년 후에는 어떤 일이 벌어질지 모릅니다.

현세를 보면 북한과는 휴전 중이고 중국의 대북공정과 일본의 역사 왜곡 사이에 우리가 서 있습니다. 고려 시대에도 그랬고 조선 시대에도 동일한 상황이었습니다. 우린 그들을 견제하고 살아야 했으며 때로는 그들과 전쟁하여야 했고 ,때로는 그들과 수교하여야 하였습니다. 지금은 외교라는 명목하에 전쟁은 일어나지 않고 있지만 세상이 어찌 변할지는 아무도 모르는 것입니다.

우리의 과거를 제대로 알아야 미래를 대비할 수 있습니다. 일본식민지로 보낸 35년간 우리는 정말 많은 것을 잃었습니다. 그것을 찾아

복원하여야 하고 해외로 빼돌려진 것을 되찾아 와야 할 것이며, 유실된 것을 다시 세워야 할 것입니다.

우리 민족적 자긍심을 키울 수 있는 것이라면 반드시 해야 합니다. 우리나라 역사를 몇 년도엔 무슨 전쟁, 또 몇 년도에는 무슨 전쟁, 이렇게 암기하듯 외우는 것이 아니라 엄마가 들려주는 옛날이야기처럼 행주산성의 이야기, 행주대첩의 이야기를 들려주시면 어떨까요?

또 우리의 역사를 세세히 세밀화 하여 아이들의 동화책이 발간되어 아이들이 역사를 자세히 알 수 있다면 더 좋을 것 같습니다. 3세에서 7세의 어린 아이들이 읽을 수 있는 역사 동화책이라면 쉽고 이해하기 편해야 할 것이니 한 부분, 한 부분 나누어 그림책으로 나와 책을 읽을 때 그림을 보고 이해할 수 있다면 좋을 것 같습니다. 행주대첩의 배경과 내용을 그림책으로 접한 아이들이 자라 초등학교, 중학교에 들어가 그것을 순서대로 나열할 수 있다면, 교육적으로도 아이들이 역사를 어려워하지 않을 것입니다. 어렸을 적부터 역사를 알아간다면 아이들은 분명히 역사에 더 관심을 가질 것이고, 그것을 발전시켜 나가고 복원시켜 나가는데 더 많은 도움이 될 것입니다.

만약 세종대왕의 해시계가 청계천에 떡하니 자리를 잡고 있고, 그것을 학생들이 보고 자라며, 외국인들이 와서 보고 간다면 일석이조, 일석삼조의 효과도 볼 수 있을 것입니다. 교육적이고, 문화적이고, 역사적이고, 관광적이고 또 미래적이라고 할 수 있습니다.

역사는 아이들에게 전달되어야 합니다.

역사 교육은 더 이루어져야 하지만 그 방법은 바뀌어야 합니다. 할머니가 들려주시는 옛이야기처럼 재미있어야 하고, 그 배경과 배울 점을 확실히 알아야 합니다. 그래야 미래에 이순신 장군이나 세종대왕과 같은 인재가 나올 수 있습니다. 암기와 주입식의 역사 교육이 하루빨리 바뀌었으면 합니다.

4. 배려하는 아이로 키운다

배려하는 아이란 관찰력이 뛰어난 아이입니다. 다른 사람이 이야기하지 않아도 무엇이 필요한지 생각 할 수 있는 아이를 말합니다. 한마디로 눈치가 빨라야 한다는 것이지요.

요즘 신입사원들은 어떻습니까? 눈치코치 어디다가 두고 다니는지 도통 알 수 없는 사람들이 많죠. 훈련이 되지 않았기 때문에 못하는 겁니다. 그런 분들 1~2년 교육하고 훈련하면 어떻게 되나요? 눈치코치 챙겨서 다닙니다. 선배가 말하지 않아도 무엇이 필요한지 알고 미리 딱 대령해 놓습니다. 회식 다음날 밥 먹으러 가자고 하면 '스파게티요!' 하고 외치기보단 속 풀이하는 시원한 것 먹으러 가자고 합니다.

배려는 습관입니다. 어렸을 적부터 습관이 되면 다른 사람을 배려하는 것이 어렵지 않습니다. 그러나 현 사회의 부모님들은 내 자식이 예쁘고 아까워서 배려심 있는 아이로 키우기보단 이기심으로 가득 찬 아이로 키우고 있습니다. 그러면 안 되는 걸 알면서도 말입니다.

안 되는걸 알면서도 그런다는 것은 정말 심각한 문제입니다. 모르고 그런다면 실수겠지만, 알면서 그런다는 것은 더욱 나쁘다는걸 우리는 알고 있습니다. 왜 이런 상황이 발생할까요? 아마 우리 아이들이 너무 귀한 아이들이기 때문입니다. 요즘에는 모든 아이들이 공주고 왕자인 시대입니다. 천민은 없고 상민도 없는 모두 공주, 모두 왕자이다 보니 그렇습니다.

하지만 예전 왕가에서는 더욱 엄하게 교육을 시켰습니다. 신하에게도 함부로 하지 못했고, 사람이라면 그 존재만으로 귀하다고 생각하였으며, 생명 있는 것을 함부로 죽이지 못하게 가르쳤습니다. 백성을 다스려야 했기에 백성의 마음을 읽을 수 있도록 교육했고, 백성의 고통은 임금의 고통으로 생각하도록 가르쳤습니다.

반면 우리 아이들은 어떤가요? 남의 고통은 나의 즐거움이요, 남의 아픔은 나와 상관없는 일입니다. 실제로 요즘 들어 발생하는 각 학급의 따돌림과 학교 폭력은 실로 무섭습니다. 예전 우리가 학교 다닐 때도 따돌림이 없진 않았습니다. 단순히 말을 안 거는 것뿐이었지 그 아이를 괴롭히거나, 구타하거나, 금품을 빼앗거나 하진 않았으나 현재 아이들은 거의 폭력배 수준입니다.

화장실로 데리고 가 지저분한 짓을 하고 성적 모욕까지 주는 지경에 이르렀습니다. 이런 학교에 아이를 보내기가 무섭습니다. 이런 상황은 부모인 우리가 정신 차리지 않으면 더욱 심해질 것입니다. 아이들을 제대로 교육하지 않으면 더욱 심해져 갈 것입니다.

교실에서 한 아이를 두고 다른 아이들이 둘러서서 그 아이를 괴롭히지만, 말리는 아이는 없습니다. 오히려 휴대폰으로 촬영을 해서 자기들만의 카페나 블로그에 올리기까지 합니다. 아이들은 왜 이렇게 놀까요? 이것이 잘못되었다는 생각이 없기 때문입니다. 잘못되었다라고 가르치지 않았기 때문입니다. 내가 즐거우면 내 친구 하나쯤 희생되는 것은 아무것도 아니라고 생각하고 "나만 아니면 돼! 나만 즐거우면 돼!"를 외치고 있는 것입니다.

그런데 그 사이 왕따를 당하고 폭력을 당하고 있는 아이가 내 아이라면 어떻게 하시겠습니까? '내 아이는 안 그럴 거다!'라고 생각하지 마십시오. 반 아이들 전체가 다 그런데, 내 아이는 그러지 않을 수 있을까요? '내 아이일 수도 있을 거다'라고 생각해야 합니다.

또한 가해 학생이 내 아이라면 어떻게 하겠습니까? 이런 아이들이 바로 자라서 인재가 될 수 있을까요? 절대로 아닐 것입니다.

내가 즐겁자고, 내 마음대로 하는 아이를 통제하지 않는 것은 부모의 잘못입니다. 그렇게 하고 다니는 것을 모르는 것 또한 부모의 잘못입니다. 아이가 성인이 되기 전까지 모든 것이 부모의 잘못이라는 점을 잊지 마시기 바랍니다.

아이들이 배려하는 마음이 조금이라도 있었다면 위와 같은 상황은 벌어지지 않을 겁니다. 요즘 아이들에게는 배려라는 것이 결여되어 있는 것이지요. 남을 배려하고 위할 줄 아는 것이 결국 자신을 위하는 것이라는 것을 아이에게 가르쳐야 합니다. 아내가 왕비가 되고 싶으면 남편을 왕으로 대접하란 이야기도 있고, 남에게 공경 받고 싶으면 내가 먼저 그를 공경하라는 말도 있습니다. 즉 행한 대로 돌아오는 것임을 잊지 ,말고 아이들에게 교육해야 합니다.

5. 선행과 나눔을 통해 세계에 이바지할 수 있도록
   큰 꿈을 갖게 한다

나눔이야말로 이 세상을 움직이는 힘이라고 유태인들은 생각하고 아이들을 교육한다고 합니다. 부를 가진 사람들이 나눔을 하지 않는다면 이 세상은 망할 것이라고 이야기합니다.

예전 우리 선조들은 부유한 가문에 쌀 귀주를 문 앞에 내놓고 그 귀주에 쌀이 떨어지지 않도록 하였습니다. 배고픈 사람들을 위한 귀주였고 나눔을 할 줄 알았던 것 입니다. 그런데 현재는 조금이라도 나누면 손해가 나는 줄 알고 있습니다. 나눔이 배가 되어 다시 돌아온다는 걸 아이들은 모르고 있죠. 아니, 어쩌면 어른들조차도 모르고 있는 것 같습니다.

나누다 보면 작은 행동이 아주 크게, 더 크게 돌아옵니다. 나눔을 하고 그것이 나에게 더 큰 행복이 될 수 있다는 것을 아이들이 느낄 수 있도록 가르치고 알 수 있게 해 주었으면 합니다. 나눔을 하는 아이는 잘못되지 않습니다. 흐트러지지 않습니다. 나눔은 바른 길로 가는 방법입니다. 따라서 나눔의 중요성을 아이들에게 가르쳐야 합니다.

미국의 한 학교의 교훈은 '열심히 배워서 세계에 이바지하자'입니다. 공부 또한 열심히 해서 세계를 위해 쓰자는 말입니다. 지식의 기부가 될 것이지요. 이렇게 마인드가 다른 사람들과 우리아이들이 경쟁해야 합니다. 생각의 차이가 목표의 차이가 되고, 목표의 차이가 성공의 차이가 됩니다. 우리 아이들의 마인드를 어떻게 잡아 주실 건지는 부모님들이 하기 나름입니다.

6. 아이를 세밀히 관찰하여 그때그때 반응해 주어야 한다

우리 아이들 어떤가요? 어떻게 관찰하고 계신가요? 아이들이 무엇인가에 집중하면 그것을 그대로 방치하고 계시지는 않으신가요? '나를 귀찮게 하지 않으니 다행이다.'라고 생각하고 계시진 않으신가요?

아이들은 엄마를 귀찮게 굴어야 합니다. 그래야 머리 회전도 빨라지고 두뇌 개발도 되는 것입니다. 엄마들은 이것을 귀찮다 생각지 마시고 '우리 아이가 한 걸음 발전하는구나! 우리 아이 머리가 좋아지고 있구나!' 생각하는 게 어떨까요?

누구나 우리 아이는 영재였음 좋겠고, 천재였으면 좋겠다고 이야기합니다. 그런데 정작 부모님은 영재 아이를 영재로 키울, 천재 아이를 천재로 키울 준비는 안 되어 있습니다. 귀찮고 힘들다는 이유로 텔레비전을 틀어주고 컴퓨터를 켜주고 있습니다. 책은 안 읽어줍니다. 그러면서도 내 아이는 영재로 자라길 바라고 있습니다.

'학교에서, 학원에서, 유치원에서, 어린이집에서 다 해주겠지' 라고 생각한다면 그건 오산입니다. 아이가 집에 있는 시간이 더 많은가요? 학교 혹은 학원이나 유치원 어린이집에 있는 시간이 더 많은가요? 집에서 있는 시간이 훨씬 길다는 것을 모두 알고 있습니다.

아이들은 어른의 문화를 이해하지 못합니다. 이해하지 못하니 집중할 수 없고 엄마들은 이야기 하는 사이 아이는 사고를 저지르고 돌아다니며 장난을 치게 됩니다. 아이가 어른들 문화와 섞이지 않도록 아이를 위해 작은 배려가 필요합니다. 아이들이 만나서 친구를 사귄다는 명목으로 모임을 갖지만 정작 엄마들의 수다 모임이 되어 버리는 일 이 발생합니다. 아이와 함께 나가 놀아주기 위해 나갔다면 아이에게 집중하고 친구를 만나러 나갔다면 잠시 아이를 맡기고 나가거나 유치원에 간 시간을 이용한다든가 아니면 아빠가 퇴근하고 온 늦은 시간을 선택하여 아이를 배려하는 모습을 보여 주십시오.

술집에 아이를 데려오는 부모님의 이기심이 발생하지 않았으면 합니다.

부모님은 아이의 반응에 그때그때 대처해 주어야 합니다. 그래서 아이가 바르게 자랄 수 있도록 엄마가 틀을 잡아 주어야 합니다.

아이 관찰은 중학교 들어가서까지 이루어져야 합니다. 인격적으로 자리가 잡기 전까지는 엄마가 아이를 관찰하고, 이야기를 걸고, 같이 고민해 나가야 할 것입니다.

잘한 것이 있으면 과하게 칭찬을 해주고 잘못한 것이 있으면 따끔하게 혼을 내주어야 합니다. 그래야 아이는 잘한 것은 더 잘하려 하고, 못한 것은 하지 않으려 할 것 입니다. 엄마의 태도는 분명히 일관성이 있어야 하며, 감정을 섞지 않고 아이의 행동의 잘잘못만을 따져서 칭찬과 벌을 주어야 합니다.

집에 가서는 잘한 일만 아빠나 가족에게 이야기하여서 아이의 자존감을 살려주어야 합니다. 아이의 표정이 어떻게 바뀌는지 한번 잘 살펴보시기 바랍니다. **엄마는 아이의 표정만으로 모든 것을 알 수 있습니다.** 그 신호를 무시하지 말고 바로바로 대응하여 아이에게 반응해주어야 할 것입니다. 그것이 바로 내 아이를 인재로 키우는 하나의 방법입니다.

7. 모든 교육은 놀이부터 시작되고 놀이 중에도 아이가 배우고 생각 할 수 있도록 해야 한다

아이들은 하나도 없는 무에서 모든 것을 배우기 때문에 놀이나 장난감도 교육의 목적이 될 수 있습니다. 그러므로 아이가 가지고 노는 장난감을 신중하게 선택해야 합니다. 그 이유는 아무것이나 가지고 노는 것보다는 어떠한 목적에 의한 놀이기구가 아이의 두뇌를 자극하고, 창의적 사고를 하고, 정확한 판단을 할 수 있도록 아이를 유도하기 때문입니다.

어렸을 적 엄마나 아빠가 블록을 잘 가지고 놀아준 아이는 그 기억이 오래 지속되어 커서도 블록이나 퍼즐을 좋아하고 재미있어 합니다. 또 그림 그리며 노는 것을 재미있게 한 아이는 그림을 그리며 놀고요. 아이는 '재미있다'라고 기억이 되면 그것을 반복하려고 하고, 그것을 기억하고 혼자서 놀면서도 더 재미있어 합니다. 그러면서 차츰 응용력이 생기고 생각의 발전이 이루어지는 것입니다.

예를 들면, 아들은 6개월쯤 바퀴가 굴러가는 것이 신기한지 유독 자동차 바퀴에 시선이 가서 바퀴가 돌아가는 대로 눈동자가 돌아가는 것이 보일 정도였습니다. 돌쯤에는 자동차 장난감을 가지고 놀면 꼭 엎드려 바퀴를 관찰하는 것입니다.

그런 모습이 신기해서 자동차 장난감을 종류별로 많이 사주었습니다. 자동차를 사줄 때마다 바닥에 굴리며 엎드려 바퀴를 관찰하였고, 그 후 자동차의 다른 부분을 관찰하고 차의 다름과 같음을 구별하는 능력이 생겼습니다. 그렇게 자동차를 좋아하는 아이는 지금은 중장비와 비행기 종류에까지 호기심을 보이며 영역 확장에 이르렀습니다.

때론 아이는 자동차의 종류를 구분하여 바구니에 담으며 '이건 맞고, 이건 아니고' 하는 겁니다. 그래서 자세히 봤더니 철로 만들어진 것과 플라스틱으로 만들어진 차를 구별하여 나누어 담아 놓았습니다. 아이의 평범한 장난감 차였지만 그 재질에 차이, 종류의 차이, 기능의 차이를 알 수 있는 여러 가지의 교육 도구가 된 것입니다.

또 아이가 어렸을 적 도형 블록에 관심이 많았습니다. 나무 블록을 세우고 모양에 맞추어 끼우는 것에 관심을 많이 보여 블록을 가지고 놀아주면, 한 시간 정도는 거뜬히 놀 수 있었습니다. 재미가 있으면 무한으로 반복을 해 자기가 만족할 때까지 해서 제가 오히려 지루해 하고 힘들어 할 정도였습니다. '아이 별명을 "또또"라고 불러야겠다.' 생각할 정도로 블록이 무너지거나 다 넣으면 ,"또~또~"를 외쳤습니다. 아이의 흥미를 유지시켜주기 위해 또 해주고, 또 해주고 반복하였던 기억이 납니다. 좀 자라서는 자석 블록과 퍼즐을 접하게 해주었습니다. 자석 블록은 아이가 맞추기 쉽고 촉감이 좋아서 아이가 혼자서 많은 것을 만들며 놀았습니다. 혼자서 퍼즐을 끼워 맞추면서 놀던 어느 날은 "코끼리야"라고 하고, 또 어느 날은 "'나비야'라고 이야기합니다.

이렇듯 아이가 호기심을 느끼고 재미있어 하는 부분을 알아내고 그 것을 반복하며 점차적으로 확대해 나아가면 아이는 자연히 더 재미있어 합니다. 그리고 영역의 확장으로 머리를 쓰게 되어 자연스럽게 두뇌개발이 되는 것입니다.

단, 개인적으로 금기하는 물건이 있습니다. 아이들 장난감으로 부적합하다고 생각되는 총, 칼, 창 등의 무기입니다. 이런 무기들은 전혀 아이들에게 도움이 되지 않습니다.

아이들이 총을 들고 '빵~' 하고 쏘면 부모님들은 '으악~!' 하고 쓰러지고 아이는 재미있어 합니다. 이것은 재미있는 놀이가 되어서는 안 됩니다. 총은 사람을 죽이는 도구이고 사람을 다치게 하는 살상무기입니다. 그러므로 부모님들은 절대로 반응을 보여주어선 안 됩니다. 되도록 이런 도구는 접하지 않게 하는 것이 좋고, 아이가 생각이 다 자란 후에 접해도 늦지 않다고 생각합니다.

좋은 장난감, 창의적인 장난감을 선택하라고 이야기해주고 싶습니다. 좋은 장난감, 창의적인 장난감이란 아이가 호기심을 보이는 것이어야 하고, 그것을 확장할 수 있는 것이어야 합니다. 아이가 만지면서 촉감을 느끼고, 시각적으로 보고 판단할 수 있는 것이면 더 좋습니다. 아이의 오감을 자극할 수 있는 장난감이면 충분합니다.

그러나 아이가 욕심을 부리는 것은 통제해야 합니다. 동일한 장난감이 있는데 또 사달라고 떼를 쓰거나 다른 아이들은 모두 한 개씩 가지고 있는데 두 개를 가지겠다고 하는 욕심은 엄마가 먼저 나서서 고쳐 주어야 합니다.

한 예로 문화센터에 모 강좌를 듣는 엄마들 중 24개월도 되지 않은 아이에게 휘둘리는 분을 종종 보게 됩니다. 어떤 놀이가 시작되고 그 놀이를 끝내고 정리하는 과정에서 아이는 더 하겠다고 떼를 쓰는 것이었습니다. 수업이 다 끝나고 나서 집에 가지고 가겠다고 떼를 씁니다.

이때는 엄마가 중제를 해 주어야 하는데 오히려 아이에게 휘둘리는 것이지요. 놓고 가야 한다고 하자 아이가 울고 떼를 씁니다. 그러자 엄마는 난감해 하며 선생님께 다음 시간에 가져다주겠다고 하고 물건을 빌려가는 것을 보았습니다. 이것은 엄마가 아이의 버릇을, 욕심을 크게 키워주는 것입니다.

다른 아이들은 놓고 가는데 그 아이가 운다고 해서 어떤 규칙 중 그 아이만 열외할 수 있음을 인식시켜주는 것이고, 그 아이는 울면 해결된다는 심산이 있기 때문에 조그마한 문제에 부딪치면 울어 버리는 것입니다.

오히려 이럴 때 엄마는 더 냉정하게 아이에게 이야기하고 울더라고 데리고 나와야 합니다. 그리고 조용한 곳에 가서 아이를 꾸짖어서라도 아이의 버릇을 바르게 잡아 주어야 합니다.

이 아이는 다른 수업시간에도 늘 아이들과 부딪친다고 합니다. 한 개씩 가지고 노는 놀이 수업인데 꼭 두 개를 가지고 놀겠다고 하며 아이가 울자, 엄마는 또 들어줍니다. 이 아이와 수업을 3개월 같이 들으며 아이는 한 번도 안 운 날이 없었습니다. 다른 엄마들은 그 아이와 그 아이의 엄마를 좋지 않게 보았고, 그 아이의 엄마 또한 스트레스를 받게 되었습니다.

그러나 이 상황은 아이가 만들었다기보다는 엄마가 만든 것입니다. 울면 뭐든지 들어주는 엄마 때문에 아이의 버릇은 점점 더 나빠지는 것이지요. 엄마들이 옳고 그름을 판단하여서 바르게 훈육하면 이러한 일은 절대로 발생하지 않을 것입니다.

가끔 아이가 떼를 쓰거나 욕심을 부리면 오히려 아이를 자극합니다. "이거 지금 가지고 가면 친구들이 '내 것이야' 하면 어떻게 해?"라고 이야기합니다. 그럼 아이는 조용히 두고 나갑니다. 때로는 "이

건 여기 선생님 것이야. 선생님 ,것을 가지고 가면 선생님 엉엉 울지
도 몰라!" 이야기하기도 하고, "주변 친구들을 봐. 여기 친구들 중
에 누가 가지고 가는 사람 있어? ○○가 예쁘게 선생님한테 여기 있
어요~ 하고 가져다 드리고 와!" 하고 스스로 감정을 정리할 수 있도
록, 스스로 내 것과 남의 것을 구분하고 판단할 수 있도록 일러줍니
다. 그럼 아이는 더 이상 떼를 쓰지 않고 주변을 관찰하고 판단하여
행동합니다

　아이의 장난감으로 아이의 욕심도 바로 잡고, 규칙도 가르치고, 두
뇌도 개발하고, 여러 가지 방법으로 확장하여 교육이 가능합니다.
따라서 장난감을 신중하게 선택하여 아이의 호기심을 충족시켜 주어
야 하고 바르게 가르쳐야 할 것 입니다.

8. 책을 꾸준히 읽어주고 생각하도록 한다

　아무리 강조해도 지나치지 않는 부분이라고 생각합니다. 아이에게
책을 읽어 주는 것은 단순히 책의 이야기만 전달해 주는 것이 아닙니
다. 책을 읽어주는 것은 아이와 부모가 교감할 수 있고 공감대를 형
성할 수 있게 도와줍니다. 또 아이의 호기심을 왕성하게 해주기도 하
고 교육에도 큰 영향을 미칩니다.

　책을 읽어 주는 것은 엄마로 하여금 아이에게 정성을 들이는 시간
입니다. 아이가 성공하길 바라는 부모님이라면 책을 반드시 읽어 주
길 바랍니다.

　미국의 연구진에 의해 꾸준히 독서를 한 아이와 독서를 하지 않은

아이의 성적 비교를 30년간 하였고 그 결과는 컸습니다. 태어나서부터 책을 하루에 15분 이상 접한 아이들은 말도 빠르고, 이해도도 높았으며, 읽기 실력 또한 높았습니다.

이 아이들은 학교에 들어가면서 성적 또한 높았으며, 그 성적은 중학교, 고등학교로 이어졌습니다. 이들은 책읽기를 즐겼으며 책을 통해 많은 지식을 얻었고, 호기심을 가졌으며, 대학을 졸업한 후에 대다수가 높은 학벌과 좋은 직장을 가지고 있었다고 합니다. 이는 높은 연봉과 여유로운 생활을 의미하므로 독서가 평생 영향을 주었다고 이야기할 수 있습니다.

반면 그렇지 않은 학생은 저임금에 힘든 생활을 해 나가야 할 것입니다. 어떠세요? 우리 아이의 미래가 어떻길 바랍니까?

돈이 드는 학원을 보내는 것도 아니고, 시간이 많이 걸리는 것도 아닙니다. 하루 15분 정도씩 꾸준히 책읽기가 이어진다면 아이의 미래는 분명히 바뀔 것입니다.

미국의 한 연구진이 자폐를 앓고 있는 아이들에게 꾸준히 책을 읽어 주었습니다. 아이들은 처음에는 한 권을 읽기가 힘들었지만 점점 그 양이 늘어나고, 아이들이 이해하는 속도가 늘어나면서 정상지능을 회복하고 자폐를 극복한 사례도 있었습니다.

뇌성마비 아이에게 꾸준히 정해진 시간에 책을 읽어주자 오랜 시간이 걸리긴 하였지만 아이는 정해진 시간이 되자 자기가 원하는 책을 가지고 자리에 앉는 모습을 보였다고 합니다.

이렇듯 장애를 가진 아이들에게도 꾸준히 책을 읽어 주어 효과를 보는데 정상 아이들 혹은 지능이 높은 아이들에게 책을 꾸준히 읽어 준다면 어떤 결과가 나올지는 우리가 생각하는 상상 그 이상일 것입니다.

독서는 힘을 가지고 있습니다.

우리 아이들에게 알려 주세요. 꾸준하게 알려주시기 바랍니다.

책을 아이에게 어떻게 하면 재미있게 읽어줄까 고민해 보고, 책을 재미있게 읽었을 때 아이의 눈동자를 통해 반응을 살펴보십시오. 아이는 호기심과 미소가 얼굴에 번져서 초롱초롱한 눈망울로 응시합니다. 그리고 책속에서 그림을 찾아보기도 합니다.

아이가 가끔 책읽기 싫어하면 아이가 좋아하는 테마를 먼저 읽어줍니다. 처음 시작하는 분들이라면 처음부터 많은 양을 시작하지 말기를 권고합니다. 처음에는 아이가 좋아하는 책과 다른 책 한 권으로 시작하고, 그 양을 점점 늘려나가는 방법이 좋습니다.

어느 정도 안정이 되면 그날 읽을 책의 양을 목표로 잡고 책을 읽어주시면 조금 수월합니다. 또 아이가 책에 흥미를 갖게 하기 위해 종류별로 책을 읽어주도록 노력하여야 하고, 아이에게 읽고 싶은 책을 선택하여 지정한 권수만큼 가지고 오라고 합니다. 이를 통해 숫자 공부도 할 수 있었습니다.

아이가 어렸을 적 일 년 정도 제가 몸이 좋지 않아 책을 멀리한 기간이 있었습니다. 그랬더니 아이는 산만하고 과격한 행동을 보였습니다. 텔레비전을 틀어 달라고 하고 어디가도 얌전히 앉아 있기 힘들었습니다. 그런 아이가 유치원에 가기 한두 달 전부터 본격적으로 꾸준히 책을 읽어주기 시작했더니, 지금은 많이 차분하고 어디가도 얌전하다는 소리를 듣습니다. 또한 어려운 단어를 사용하여 이야기할 때도 있고, 내가 알려주지 않은 것을 이야기할 때도 있습니다.

미국 빈민가에서 홀어머니 아래서 자란 아이가 있었습니다. 이 아이는 초등학교 3학년이 되었을 때 전교 꼴지였습니다. 그러자 아이의 엄마는 텔레비전은 하루에 프로그램 한 개만 보게 제한을 하였고, 구구단을 외우게 하고 일주일에 두 권씩 독후감을 제출하게 하였습니다.

아이는 마지못해 하였지만 성적은 오르기 시작하였고 정서적 안정도 찾았습니다. 아이의 엄마는 초등학교밖에 졸업하지 않았고 글도 잘 읽을 줄 몰랐지만 아이에게 독서는 긍정적인 영양을 줄 것이라는 확신이 있었습니다. 그래서 꾸준히 한 결과 대학 입학 무렵 돈이 없었지만 장학금을 받을 수 있었고 의학을 전공하게 되었습니다. 이 아이는 현재 소아 두뇌외과 분야의 최고 의사인 벤 칼슨 박사입니다. 이처럼 늦었다고 생각할 때 가장 빠른 것일 수 있습니다.

책읽기의 전문가들은 책을 태어나서부터 14살 정도 까지는 읽어주라고 이야기합니다. 어렸을 적에는 동화책을 읽어주지만 좀 크면서는 가리지 말고 신문, 잡지, 소설 등 아이 수준보다 좀 어려운 책을 읽어주어 아이에게 새로운 단어를 접하게 해주라고 이야기합니다. 책을 많이 읽어 준 아이가 잘 읽고, 잘 쓰게 된다는 이유에서입니다.

14살이면 중학교 1~2학년 정도인 것 같습니다. 개인적으로는 조금 더 읽어 주어도 된다고 생각합니다. 고등학교 무렵에는 한 구절을 읽어주고, 그것에 대한 아이의 생각과 부모님의 생각을 서로 이야기하는 것도 좋다고 생각합니다.

아이들을 위해서 하루에 10분에서 15분만 투자하세요. 시간이 없다면 일부러라도 시간을 만들어 아이에게 책 읽기를 해 주어야 합니다. 부모님과 선생님의 의지만 있다면 가능한 일인 것입니다. 중요한 것은 꾸준히 해야 한다는 점을 잊지 마시기 바랍니다.

9. 아이와 어른의 경계를 정하여 어른들 문화에 쉽게
접하지 않도록 하고 아이답게 자라도록 해야 한다

요즘 아이들을 보고 있으면 아이인지 어른인지 분간이 안 되는 경우가 있습니다. 분명히 아이인데 화장을 하고, 어른이 입는 옷을 흉내 내서 입고 길거리를 다니고 있습니다. 애어른이 생긴 것 같습니다. 애어른은 외모는 아이인데 행동은 어른처럼 하는 것을 이르는 말입니다.

우리 어른들은 어린아이가 어른 흉내를 잘 내면 좋아합니다. 어른들의 개그 프로그램을 보고 따라하는 것을 보고 재미있어 합니다. 이는 잘못된 것입니다. 아이가 바른 것을 습득하는 것이 아니라 무작위하게 아무거나 받아들이고 그것을 모방하고 있기 때문입니다. 우리 아이가 이렇다면 심각하게 생각하고 주의 깊게 관찰야야 합니다. 가상과 현실을 분간하여 이야기해주고, 스스로 분간할 수 있도록 지도해야 합니다.

아이들은 아이다워야 합니다. 지금부터 어른 흉내를 내지 않아도 크면 어차피 다 할 것이지요. 크면 다 하는데 미리 접하게 하여 발생하는 부작용을 만들지 말아야 할 것입니다.

요즘 중학생 아이들에게 화장품은 필수품이 되었습니다. 중학생뿐 아니라 초등학생들에게도 아이용 화장품이라 하여 판매되는 것들이 있고, 이것을 가지고 다니는 아이들이 있습니다. 그러나 이러한 화장품을 너무 일찍, 많이 바르는 것은 노화를 촉진시키는 요인이 됩니다. 실제로 얼굴만 봐서는 몇 살인지 구분 되지 않는 아이들이 많습니다.

옳지 않은 방법으로 화장을 해서 얼굴은 하얀색이고 목은 살색인 아이들도 많고, 지나치게 입술이 빨간 아이들도 많이 있습니다. 예전에 립스틱의 원료가 지렁이란 소리가 있어 저희 어렸을 적엔 바르지 않았습니다. 실제로 립스틱은 지렁이에서 색소를 뽑아내서 사용한다고 합니다. 인체에 무해하지만 그래도 좋은 이미지는 아니죠. 아이들에게 지렁이 색소를 사용한다고 이야기 해주면 어렸을 적에 화장을 하는 것을 좀 자제할 수 있지 않을까 생각됩니다.

화장은 성조숙증에 걸리게도 하고, 지나치게 외모에 신경을 쓰게 되다 보면 자연히 공부와는 거리가 멀어지게 됩니다. 그런데 부모님들은 몰래하는 것 보다는 낫다고 생각합니다. 그러나 몰래하다가 따끔하게 혼나는 것이 아이의 미래를 위해선 더 좋습니다. 몰래하기 때문에 자주 하지 않을 것이고, 특수한 상황에만 할 것입니다. 아이의 물건과 어른의 물건을 명확히 구분하여야 할 것입니다.

이는 TV 프로그램도 마찬가지입니다. 아이가 볼 수 있는 것과 볼 수 없는 것을 구분하여야 합니다. 방송사에서는 프로그램마다 권장 나이를 지정하여 방송하고 있습니다. 그런데 우리 부모님들 초등학생들에게 개그 프로그램을 보여주며 같이 웃고 계시진 않은가요? 개그 프로그램은 12세 이상 시청이 가능한 프로그램인데 말입니다.

그런데 12세 미만의 아이들, 하물며 어린 아이들과 함께 보고 웃고 있습니다. 아이들은 의미를 알고 웃는 것일까요? 전혀 아닐 것입니다. 무작위하게 흡수하고 있는 것입니다.

아이들이 보기 좋은 프로그램들이 많이 있습니다. 요즘에는 방송 시스템도 잘 되어 있어서 다시 볼 수도 있고 찾아볼 수도 있습니다. 그런데 정규방송 본방 사수의 이유로 아이와 어른의 프로그램을 같이 보고 있습니다. 개그 프로그램은 그나마 안 좋은 영향이 덜 하다 생각합니다. 드라마나 사건을 재구성한 프로그램들을 같이 시청하고 계시진 않은가요? 드라마는 지나치게 선정적인 부분이 나오기도 하고 사건을 재구성한 프로그램은 사건의 내용을 너무 상세히 설명하여 모방이 가능하도록 하기도 합니다.

이런 것을 아무것도 모르는 아이들이 그대로 습득하여 잘못인지도 모르고 행한다면 심각한 사회적 문제로 이어질 수 있습니다. 분명히 아이, 청소년이 보는 프로그램과 어른이 보는 프로그램을 구분하여야 합니다.

또 아이들이 텔레비전을 보는 시간을 제한하여야 합니다. 텔레비전은 '바보상자'입니다. 일주일 동안 10시간 이상 텔레비전을 보는 아이는 학업능력이 떨어진다는 연구 결과가 있습니다. 텔레비전을 많이 본 아이들은 행동도 산만해지고 집중력도 떨어지며 심해지면 ADHD 증후군을 앓게 되는 경우도 발생합니다. 아이의 학습능력에 영향을 주고 성격에까지 영향을 주므로 되도록이면 텔레비전 시청을 삼가고 장난감을 가지고 놀게 해주며 책을 읽어주어야 합니다. 정 어쩔 수 없을 때만 텔레비전을 틀어주도록 하여야 합니다.

이렇듯 작은 것 하나부터 아이와 어른의 경계를 알고 어른들 문화에 섞이는 일을 하지 말아야 합니다. 어른들 이야기에 콕콕 끼어드는 아이에게는 "어른들이 이야기하는 중이니 너는 참견하지 않았으면 좋겠구나"라고 이야기해 주세요. 아이가 자꾸 끼어드는 건 심심하다는 이야기란 것을 알고 아이가 재미를 느낄 수 있는 것을 마련한 후 어른들 대화가 이어져야 할 것입니다.

아이문화와 어른문화는 분명하게 다릅니다. 아이문화는 그 나이를 벗어나면 하기 힘듭니다. 놀이동산에서도 키가 너무 큰 아이가 탈 수 없는 것이 있고 들어갈 수 없는 것이 있습니다. 그 나이에 맞는 것을 찾아서 하게하고 그것을 즐기게 해 주어야 할 것입니다.

10. 바른 것을 먹이고, 바른 것을 보고, 바른 것을 생각하고, 바른 것을 행하도록 교육해야 한다

우리가 살아가는데 물, 공기, 음식은 없어서는 안 될 중요한 것입니다. 공기야 자력으로 어찌할 수 없는 것이지만, 물과 음식 특히 음식은 조절해 주어야 합니다.

우리나라 아동 비만이 심각한 수준으로 올라가고 있습니다. 아이들이 운동을 멀리하면서 비만이 되고 그러면서 움직이기 싫어하는 아이들이 늘고 있습니다. 아이들 사이에서 초고도 비만이 되어 놀림을 당하는 아이도 꽤 있습니다. 이는 바른 음식 섭취가 되지 않기 때문에 발생하는 문제입니다.

우리의 음식은 한식입니다. 한식은 나물도 많고, 생선과 고기류까지 아주 다양합니다. 그리고 영양은 높고, 칼로리는 낮은 것들이 많이 있습니다. '건강식'이라는 것이 바로 한식인 것입니다.

그러나 요즘 우리 아이들은 한식을 별로 좋아하지 않습니다. 패스트푸드와 초간편 인스턴트 음식들을 더 좋아합니다. 여기에는 방부제와 인공감미료 색소와 향신료 등 우리 몸에 좋지 않은 성분이 다량 함유되어 있으며, 이는 살이 찌게 되는 요소이기도 합니다.

나트륨 함량이 높아 더 살이 찌게 됩니다. 아이들이 패스트푸드나 인스턴트를 좋아하고 잘 먹는 것은 단맛이 많이 들어가 있는, 즉 설탕과 소금이 많이 들어가 있는 것이 대다수입니다.

엄마들은 음식하기 귀찮다는 이유로 아이들에게 식사 대신 이런 것들을 상에 올립니다. 이것은 아이들의 건강과 정신까지 망가뜨리는 것입니다.

우리의 전통음식은 약이 되는 밥상입니다. 예전 어른들은 들에서 나는 나물과 논에서 자라는 쌀, 밭에서 자라는 온갖 채소가 주식이었고, 이 음식들은 최근 연구에 의해 많은 영양소부터 항암작용에 이르기까지 다양한 약으로 쓰일 수 있는 음식들이 많습니다.

그렇다면 우리 아이들에게 어떤 음식을 섭취하도록 해야 할까요? 살을 찌게 만들고, 그것이 문제가 되어 힘들게 다시 살을 빼게 만드는 것도 다 부모님의 잘못입니다. 어렸을 적부터 어떤 것에 입맛을 들이게 하는가도 습관입니다. 하루아침에 아이가 야채나 나물을 좋아할 수는 없을 것입니다. 처음에는 맛이 이상하여 먹지 않으려 하겠지만, 그것을 자꾸 접하면서 맛을 보고 그 맛에 익숙해지면 잘 먹게 됩니다.

아이에게 한약을 먹어야 하는 상황이 있었습니다. 한약에 계피가

들어 있어서 아이는 맵다고 울고불고 하는 것입니다. 이에 한의원에 전화하여 문의하였더니 올리고당이나 매실청을 섞어서 주라고 하였습니다. 그날부터 아이에게 한약을 60cc 먹이면 10cc정도 올리고당을 섞어 70cc를 먹였습니다. 그렇게 5일 정도 먹고 난 후, 올리고당을 섞지 않고 약을 먹였습니다. 아이는 아무런 거부 없이 약을 먹었고, 그 이후에는 더 이상 아무것도 섞지 않고 먹였습니다.

이렇듯 처음에 강하게 거부하면 그것을 먹도록 아이의 입맛에 맞게 만들고, 그 후에 차츰 원래 나물이나 야채를 접하도록 도와주어야 합니다.

음식도 습관입니다. 어떤 것을 먹고 자랐는지가 평생 식습관으로 자리 잡는 것입니다. 한식을 즐겨 먹는 사람은 살이 많이 찌지 않습니다. 우리 아이들을 살찌게 만들고 다시 힘들여 살을 빼게 만드는 고통을 엄마들이 미리 차단하여야 할 것입니다. 그것이 바른 식습관일 것입니다.

바르게 먹는 것, 바른 것을 보는 것, 바른 것을 생각하는 것, 바른 것을 행하는 것은 어떻게 해야 하는지 생각해 봐야 합니다.

바른 것을 보는 것은 물론 우리 부모님들의 영향이 가장 크겠지요. 아이들은 스펀지 같은 존재여서 어른의 모든 것을 모방하고 따라하려고 합니다. 그래서 작은 습관들도 따라하여 닮아가는 것입니다. 이런 아이들에게 바르게 행동하라고 알려주는 제일 좋은 방법은 부모님이 본이 되는 것입니다.

모름지기 아이는 부모의 거울이라 하였습니다. 부모가 하는 대로 아이가 따라한다는 것입니다. 바른 것을 보고 자란 아이는 바르게 행

동을 할 것이고 바른 것을 생각할 것입니다. 바른 생각은 부모님의
이야기와 책을 통한 학습으로 가능해집니다.

　이상 아이들의 교육법에 대해 이야기해 봤습니다. 아이를 어떻게
키워야 하는지 아마 모두들 이론상으론 잘 알고 있을 겁니다. 하지만
쉬운 일은 아니겠지요. 그렇다고 어려운 일도 아니라고 생각합니다.
엄마들이 조금만 신경 쓰고 습관을 바꾼다면, 아이들도 좋은 습관을
들이고 인재로 자랄 수 있도록 길을 만들 수 있습니다.
　부모님의 노력이 아이의 미래를 결정하는 일이므로 바로 시작해야
할 것입니다. 다른 사람이 아닌 지금 나부터, 내 아이부터 시작하여
야 합니다.

이 땅의
모든
선생님께

바른 인재 양성을 위해
선생님이 지켜야 할 10가지

아이를 키우는 사람이 또 한 분 계십니다. 집 이외의 시간을 대부
분 보내는 학교의 선생님입니다. 이 땅의 모든 선생님께, 우리 아이
를 바른 인재로 키워나갈 수 있도록 몇 가지 부탁드리고자 합니다.

1. 본이 되는 선생님이길 부탁드립니다

어느 자리에서건 본분이 선생님이라는 것을 잊지 않았으면 합니
다. 아이들 앞에 섰을 때만 본보기가 되는 선생님의 모습을 하는 가
식적인 모습이 아닌, 늘 아이들이 보고 있다고 생각하고 행동했으면
좋겠습니다. 실제로 본분을 잊고 살아가는 몇몇의 선생님들이 있기
에 선생님들 다수의 이미지가 실추되고 있습니다. 어디서나 본보기
가 되는 모습을 보인다면, 학부모의 신뢰를 얻고 믿음직스러우며 존
경스러운 아이들의 선생님이 될 것입니다.

2. 중심을 잘 잡아야 합니다

모든 것에 중심이 있습니다. 과하지도 부족하지도 않게 아직은 불완전한 아이들을 완전체가 될 수 있도록 채워주었으면 합니다. 이성적으로 행동하고 판단하여 아이들을 대할 때 감정을 섞지 않는다면, 아이들은 자연히 선생님 말씀을 따르고 자신의 잘못을 깨달을 것입니다.

3. 아이와 부모님, 그리고 사회를 무서워하지 않았으면 합니다

요즘 사회가 많이 무서워졌습니다. 자신을 귀찮게 한다는 이유로 폭행을 하고, 기분 나쁘게 쳐다본다는 이유만으로 살인을 저지릅니다. 사회의 축소판이라 불리는 학교도 예외는 아닙니다. 학교폭력은 점점 지능적으로 변해가고 있으며, 수업을 거부하는 아이들도 많아지고 있습니다. 조금이라도 혼내려고 하면 동영상을 찍을 테니 어디 한 번 해보라며 핸드폰을 꺼내듭니다.

이런 상황에서 아이와 학부모, 사회를 무서워하지 않기란 쉽지 않지만 방법이 없는 건 아니라고 생각합니다. 학교에서 체벌하지 못하는 아이들을 방치하기보단 부모님에게 알리고 개선할 수 있도록 노력해야 합니다. 부모님이 부정하면 아이의 학교생활을 녹화를 통해 부모님에게 이 사실을 알려, 아이가 바른 길로 자랄 수 있도록 도와주십시오.

4. 아이의 개개인 특성을 살릴 수 있는 교육을 부탁드립니다

너무 획일화된 주입식 줄서기 교육. 실로 그 폐단이 너무 큽니다. 강의식 수업에 익숙한 아이들은 누군가가 가르쳐주지 않으면 혼자서는 아무것도 하질 못합니다. 살아 있는 꼭두각시가 되어 주는 것을 그저 받아먹기만 하는 것이지요. 지식을 주입하기보다는 지식을 찾아가는 아이들로 자라나도록, 선생님이 먼저 지식을 찾아갔으면 하는 바람입니다. 이를 위해서는 아이 각자의 성격을 제대로 파악하고, 개개인의 특성에 맞는 교육 방법을 사용하여야 합니다. 그리하여 아이들이 저마다 자신의 재능을 살려 미래를 이끌어갈 주역이 될 수 있기를 기대해 봅니다.

5. 신뢰를 쌓아 주십시오

사람과 사람 사이에 가장 중요한 것은 다름 아닌 '신뢰'입니다. 서로를 믿는 마음이 있어야만 친밀감을 쌓을 수 있고, 나의 소중한 무언가를 맡길 수 있기 때문입니다. 오랜 관계가 지속되기 위한 필수조건이 바로 이러한 신뢰이지요. 그런데 요즘 이기주의가 심화되면서 서로를 믿기보다는 의심하고 마음에 스스로 벽을 쌓는 사람들이 늘어나고 있습니다. 이는 선생님도, 아이들도, 모두 마찬가지이지요. 선생님이 먼저 아이들을 향한 마음의 벽을 허물어 보세요. 그리고 한 걸음 한 걸음, 거짓 없는 미소와 정성 어린 관심으로 다가간다면, 분명 아이들도 마음속의 벽을 허물고 신뢰로 다가서게 될 것입니다.

6. 모든 아이를 내 자식으로 품을 수 있는
   마음이 있어야 합니다

열 손가락 깨물어 안 아픈 손가락 없듯이 아이들을 대해주었으면 합니다. 공부를 잘하는 아이, 말을 잘 듣는 아이에게만 관심을 품을 것이 아니라, 공부를 못하는 아이, 삐뚤어지는 아이에게 더 많은 관심을 가지고 지켜봐 주세요. 옛말에 '미운 놈 떡 하나 더 준다'는 속담이 있지 않습니까? 물론 바른 말과 고운 마음으로 옳은 행동만 하는 아이에게 더 깊은 신뢰와 사랑이 샘솟을 수 있습니다. 하지만 아이들은 선생님이 누구를 더 예뻐하는지, 나를 어떻게 생각하는지 다 압니다. 오히려 선생님이 예뻐하지 않고 관심을 가져주지 않으니 더욱 관심을 이끌기 위해 삐뚤어진 행동을 할지도 모릅니다.

선생님이기 전에 한 인간으로서 모든 아이를 내 자식처럼 품기는 힘들 테지만, 선생님의 이러한 행동이 앞날의 범죄를 막고 더 나아가 훌륭한 인재를 양성할 수 있음을 명심하길 바랍니다.

7. 역사를 바로 알고 조상의 지혜를 알아가며 아이들에게
   교육하고 퍼트려 주십시오

그 누구보다도 한국의 뿌리, 역사에 대해서는 선생님들이 제일 많이 바르게 알고 있을 겁니다. 초등학교 3학년 이전에 인성이 잡힌 아이는 현인으로 자라납니다. 아이들에게 바른 역사와 그 속에 깃든 조상의 지혜를 가르치고 아이들이 그것을 승계하여 더 발전시킬 수 있도록 도와주십시오. 아이들은 우리나라의 역사를 즐겁게 받아들이고, 옛 선조들의 지혜와 슬기를 본받아 스스로가 훗날 역사를 빛낼 인물이 되고자 노력할 것입니다.

8. 아이들의 재능을 키워 세계를 이끌 인재로 키워주십시오

아이들은 저마다 다른 재능을 하나쯤 가지고 있습니다. 그 재능이 눈에 드러나는 아이도 있지만, 그렇지 않은 아이들도 많습니다. 따라서 아이들에게 숨겨진 재능을 발굴하여 발전시킬 수 있도록 도와주세요. 그 재능이 공부인 아이도 있을 것이고, 봉사정신일 수도 있으며, 음악이나 미술과 같은 예체능일 수도 있습니다. 요리일 수도 있고, 다른 아이들보다 뛰어난 리더십이나 언변일 수도 있습니다. 아이들이 자신의 재능을 알고, 선생님이 이를 발전시키도록 도와준다면, 아이들은 세계를 이끌어가는 인재로 성장할 것입니다. 아이들에게 호연지기를 키울 수 있도록 지도해 주시기 바랍니다.

9. 스스로의 권리와 권위를 지켜주십시오

당당히 권리를 이야기하고 권위를 바로잡을 수 있도록 노력해 주십시오. 권리는 의무와 짝을 이룹니다. 따라서 권리를 주장하기 위해서는 자신의 의무를 다해야 하지요. 선생님의 의무는 아이들이 바른 길로 걸어갈 수 있도록 이끄는 것입니다. 선생님이 자신의 일에 자부심을 갖고 최선을 다한다면, 당당하게 권리를 주장할 수 있을 뿐만 아니라 자신의 권위를 바로잡을 수 있을 것입니다.

권위는 거친 말이나 큰 목소리, 무서운 회초리로 지켜질 수 있는 것이 아닙니다. 거친 말과 큰 목소리, 무서운 회초리는 권위가 아닌 폭력이기 때문입니다. 선생님이 자신의 위치에서 묵묵히 최선을 다한다면, 무너진 권위도 일으켜 세울 수 있을 것입니다.

10. 서로 돕는 세상에 살아가고 있으며 서로 보듬어 주어야 한다는 것을 가르쳐 주십시오

우리는 서로 감싸고 보듬어 주고 배려하고 안아주어야 합니다. 화합하고 나눠주며 따뜻한 마음을, 올곧은 성품을 길러야 합니다. 해박한 지식과 바른 정보를 위해 더 많이 알아가려는 노력을 해야 합니다. 그리고 많은 사람들에게 지식을 전달하려는 노력이 있어야 합니다. 말로만 하는 교육이 아니라 행동하고 관찰하고 그것을 유지시킬 수 있는 교육을 통해 아이들이 발전할 수 있도록 지도해 주어야 할 것입니다.

이는 선생님들께 학부모로서 이야기 드린 것입니다. 선생님들이 이렇게 행동하면 학부모인 저희가 선생님을 더 믿고 의지할 수 있지 않을까 생각합니다. 이 땅의 모든 선생님들과 학부모들이 신뢰하여 아이들을 인재로 바르게 키워나가길 바라는 마음입니다.

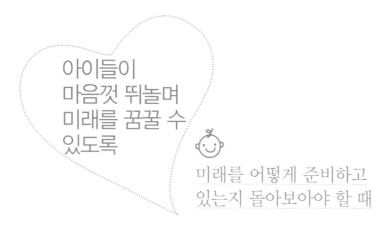

아이들이
마음껏 뛰놀며
미래를 꿈꿀 수
있도록

미래를 어떻게 준비하고
있는지 돌아보아야 할 때

　우리의 미래를 어떻게 생각하시나요? 긍정적이고 희망적인 핑크빛 세상은 아닐 것입니다. 현재가 그대로 미래로 이어진다면 우리의 미래는 어두운 잿빛 구름만이 무거워 견디기 힘든 그림자를 드리울 것입니다.

　우리는 신흥 개발도상국이었던 아프리카와 그 이외 국가들의 몰락을 보며 우리가 배워야 할 것이 무엇이고 지금 해야 할 일이 무엇인지 생각해 보고, 같은 실수를 범하지 않기 위해 노력해야 합니다. 나라가 바로서고 가정이 바로서기 위해서 우리가 지금 해야 할 일이 무엇인지 진지하게 고민하고 생각해 보아야 할 것입니다.

　아프리카의 문제점이 무엇이었을까요? 단순한 물 부족이었을까요? 요즘은 송유관으로 아랍이나 아프리카에서 원유를 나르는 시대이고, 바닷물을 식수로 사용할 수 있는 시대입니다. 물 부족이 원인이라고 이야기하기보단 물 부족을 해결할 수 있는 지식의 결여, 인재의 고갈, 기술의 부족이 문제가 되는 것입니다.

정부에선 인재를 육성할 돈도, 기술을 개발하고 유지할 돈도 없기 때문에 지금 아무것도 못하고, 먹을 것을 걱정하는 나라가 되었습니다. 그나마 몇 남아 있던 인재도 자신의 삶을 위해 나라를 떠나 다른 곳에 둥지를 틀게 되었지요.

개항 초 아프리카가 자국을 위해 노력하는 인재를 키우고 미래 산업을 준비했다면 지금 아프리카는 어떻게 변해 있을까요? 물은 없지만 풍부한 자원이 있고 인력이 있는 그들에게 지식과 인재 더불어 경제성장이 이루어졌다면…… 그들은 지금 세계에서 버금가는 국가가 되어 있을 겁니다. 어쩌면 세계를 이끌어가는 나라가 되어 있을지도 모를 일입니다.

필리핀, 터키 등도 마찬가지입니다. 아프리카만큼은 아니지만 그들도 신흥 개발도상국에 진입하였다가 기술개발과 유지를 하지 못하면서 선진국에 진입하지 못하고 낙오되고, 현재 후진국 대열에 끼어 있게 되었습니다.

우리는 우리를 돌아볼 필요가 있습니다. 다른 나라들보다 늦게 선진 문물을 받아들이고 다른 나라에서 이루어 놓은 좋은 시스템을 가져와 우리나라에 도입시키며 현재 우리는 선진국 대열에 올라가는 듯합니다.

그러나 이것을 유지할 수 있는 인재가 있는지 반문해 보아야 합니다. 이것을 유지할 인재를 키우고 있는지, 미래를 위한 사업전략이 있는지, 미래에 나라가 혹은 기업이 이익을 창출할 수 있는 기술이 개발되고 있는지, 나라를 이끌어갈 인재를 육성하고 있는지 말입니다.

한 나라의 경제는 돈이 회전되며 성장하는 것이지만, 그 돈을 벌거나 쓰는 행위를 하는 것은 사람입니다. 그런데 벌 수 있는 인재가 없다면, 쓸 수 있는 돈도 없어지고 그 나라 안에 사는 사람은 경제적 위기에 빠져 힘들어지는 것입니다.

또한 우리는 미래를 어떻게 준비하고 있는지 돌아보아야 합니다. 인재만 있다고 하여 미래가 희망으로 바뀌는 것은 아닙니다. 인재는 이끌어가는 중심이기 때문에 국가에서 보좌하여 미래 프로젝트를 통해 10년 후 경제를 이끌어 갈 수 있도록 해야 합니다. 단기적으로야 10년 후이겠지만 장기적으로 20년 후, 30년 후, 50년 후, 100년 후까지 멀리 보는 식견이 있어야 할 것입니다.

패션에도 트렌드가 있고 정치 · 경제에도 트렌드가 있다고 생각합니다. 요즘 트렌드는 '친환경'이고 앞으로는 '자연에너지' 혹은 '친환경에너지'일 것입니다. 우리가 현재의 트렌드는 따라갈 수 있다고 하지만 앞으로의 것은 어떻게 따라갈 수 있을까요?

앞으로 미래에는 현 자원들이 고갈되면서 그 자원을 대체할 물질들이 개발될 것이고, 이는 가히 획기적일 것입니다. 더 나아가 우주 공간을 사용하기 위해 필요한 물질이나 우주에서 더 자유로이 행동할 수 있는 방법이나 형태 등이 나온다면 세계적으로 각광을 받을 것입니다.

그러나 현재 우리는 이런 것을 개발할 수 없습니다. 이는 기본적인 지식이 깔려 있지 않을 뿐더러 준비되어 있지 않기 때문입니다. 따라서 개발도, 연구도 불가능한 것이지요.

땅을 개발하여 건물을 올려 외관상 화려한 나라가 아니라, 내실을 키울 수 있는 나라가 되어야 합니다. 우리나라 인구는 한정되어 있고 더 이상 늘어나지 않을 텐데 집은 왜 이리 많이 짓는 것일까요? 그 집에 누가 들어가서 살라는 것일까요? 이런 상태라면 건설사는 모두 재정위기에 닥칠 것이고, 건설사의 부도로 인한 국가적 타격은 말로 표현하지 못할 정도로 어마어마할 것입니다.

애써 심어 놓은 나무를 훼손하고 땅을 파내고 산을 없애며 높은 건물과 아파트만 올려놓고 그곳에 사람이 살도록 도심의 주택들을 '재건축'이라는 명목 하에 사람들을 이주시키고, 도심에 또 다른 아파트가 건설되면 남는 아파트들은 어떻게 하려는 건지…… 이는 모두가 죽자는 행위가 아닌가 생각됩니다.

뭐든지 과하면 안 되는데 우리나라는 현재 한쪽으로만 치우친 채 너무 과하게 진행되고 있습니다. 4월 5일을 식목일로 지정한 것은 나무를 심고 땅을 비옥하게 하여 환경을 보호하고 푸른 한반도를 가꾸기 위함입니다. 그런데 오히려 나무를 잘라내는 것은 현재 돈이 될 것이라는 판단에만 사로잡혀 먼 미래를 바라보지 못하는 행동과 같습니다.

우리는 이 땅을 거쳐 가는 사람들입니다. 우리 다음 세대를 위해 기꺼이 보존해야 할 것은 보존해 주어야 하고 더 아름답게 가꾸어 나가야 할 것입니다. 농촌에 몇 가구나 산다고 농촌 근처에 아파트를 지어 올리고 논과 밭을 없애고 산을 없애는지…… 이해를 할 수가 없습니다. 지나친 난개발로 인해 국토는 신음하고 있고, 돈은 낭비되고 있습니다.

무엇을 위해 이렇게 하고 있는 것입니까? 후손을 위해 나라를 위해? 아닙니다. 개인의 욕심을 위해, 눈앞에 보이는 이득에 의해 그렇게 만들어지고 있는 것입니다.

우리는 작년에 '우면산 사태'라는 크나큰 재앙을 접하고 목격하였습니다. 계속되는 비로 인해 흙은 물러지고 나무들이 버텨줄 수 없었기에 일어난 대참사였습니다. 만약 식목일에 죽은 나무를 없애고 나무들을 다듬고 새 나무를 심어 유지·관리 되었다면, 그리하여 젊은 나무들의 뿌리가 든든히 산을 받쳐주었다면 어땠을까요? 대참사는 피할 수 있었을 것입니다.

식목일로 지정해 우리나라 구석구석 나무를 심는 정책을 펼쳐 온 국토가 푸르게 되자, 산을 파헤쳐서 도로를 내고 골프장을 짓고 아파트를 만들고 있습니다. 이는 개발이 아니라, '파손'입니다. 현재 환경문제로 심각하게 대두되고 있는 대기오염 문제의 해결책은 오직 나무뿐인데, 나무를 다 없애고 훼손하며 환경오염이 심각해지고 있다고 말한다면 모순일 수밖에 없습니다. 식물이 살지 않는 장소는 사막화 될 수밖에 없습니다.

예전 문헌에 보면 가뭄을 해결하는 방법으로 나무를 심었습니다. 나무를 심어 땅속의 물을 흡수하고 유지할 수 있도록 하였습니다. 물은 순환 합니다. 땅으로 흡수된 물은 지열에 의해 대기 중으로 기화되었다가 그것이 다시 비로 내리는 것입니다.

그러나 우리는 나무를 벌채하여 물을 유지하지 못하게 하였고, 땅을 훼손하여 땅에서 물을 흡수하지 못하게 만들었습니다. 이 때문에 기온이 올라가 더 더워지고 가뭄이 발생하는 것입니다. 이를 해결하기 위해서는 나무를 심고 이를 잘 유지하며 가꾸는 것입니다.

그것이 우리 아이들에게 물려줄 수 있는 유산입니다. 아파트와 도로, 골프장을 물려주는 것이 아니라, 녹색의 자원을, 맑은 공기를, 푸르른 산을 물려주어야 할 것입니다.

　요즘 시골에 내려가다 보면 하루가 다르게 길이 바뀌고 아파트들이 생겨나고 있는 것을 볼 수 있습니다. 내비게이션에 조차 길이 나오지 않고 여기저기 공사 중인 곳이 많습니다. 그것을 보며 우리는 모두 난개발이라고 말을 하고 있습니다. 그러나 건설사에서는 그렇게 생각하지 않고 있는 것 같습니다.

　사람만 들어와 산다면 많은 이익을 볼 수 있을 것이라는 생각에, 들어올 인구를 계산하지 않고 개발하고 있습니다. 그보다는 연구단지 혹은 과학단지를 만들어 새로운 다양한 분야를 개발하여 새로운 확장을 가능하도록 만드는 게 좋지 않을까요? 우리는 이 땅을 거쳐 가는 사람들이라는 것을 잊지 말아야 할 것입니다.

　이렇게 이야기하면 "앞으로 10년 후에 뭐 무슨 일이 있겠어?"라고 생각하는 사람이 많을 것 같습니다. "내가 살아 있는 동안 바뀌면 얼마나 바뀌겠어?" 하는 사람도 많을 거라 생각됩니다. 우리는 1950년 6·25전쟁을 겪고, 1953년 7월 27일 휴정 협정을 하였습니다. 전쟁 후 황폐해진 국토는 불과 62년 만에 발전에 발전을 거듭해 현재에 이르게 되었습니다.

　이제는 과학의 발달로 100세까지는 문제없다고 합니다. 60년 후 우리나라는 어떻게 되어 있을까요? 우리 부모님 세대는 어렸을 적에 자동차가 많지 않아 몇 시간씩 걸어 다니는 것은 기본이었습니다. 어렸을 적 시골에서 지낼 때도 학교를 가기 위해 30분~1시간가량을 걸어가야 했고, 자동차는 부자들만의 소유물이었습니다. 이모 중에는 6·25전쟁이 휴전을 맺으며 태어난 분도 계시고, 할머니 할아버지 중에는 6·25전쟁을 겪으신 분들도 많이 있습니다.

그때와 현재를 비교해 보면 실로 많은 것이 바뀌었습니다. 엄청난 발전으로 생활이 많이 편해졌습니다. 요즘에는 한 집에도 차를 몇 대씩 보유하는 세상이고 집에서 앉아 클릭만 하면 뭐든지 배달도 해주는 세상입니다. 많이 움직이지 않아도 할 수 있는 일들이 많아진 세상이고, 얼굴을 보며 통화를 할 수 있는 세상이 되었습니다.

이렇게 50년 사이 많은 것이 바뀌었습니다. 앞으로 50년 후엔 더 많은 것이 바뀔 것입니다. 그것이 긍정적으로 바르게 바뀌기 위해 우리 모두가 노력해야 합니다. 우리 아이들이 행복하고 즐겁게 살아갈 수 있도록, 우리 손주들이 마음껏 뛰어 놀고 미래를 꿈꿀 수 있도록 해주어야 합니다. 당장 내 앞에 놓인 사사로운 이익에 눈이 멀어 우리 아이들이 살아갈 땅을 황폐하게 만들어선 안 될 것입니다.

단순하게 개발이라는 명목 하에 환경오염이 심화되어서는 안 될 것입니다. 우리가 해줄 수 있는 일이 무엇인지, 어떤 것을 남겨주어야 할 것인지 진지하고 심각하게 고민해 봐야 할 것입니다.

그리고 미래 산업과 미래 과학에 대해 생각해 봐야 할 것입니다. 하루빨리 그것을 자리 잡고 준비해 나가야 합니다. 지금 당장 망설이지 말고 우리 모두가 시작하여야 합니다.

· 책을 마무리 하며 ·

　평범한 가정주부가 책을 내며 참 많은 생각을 하였습니다. 우리의 개인주의 문제, 국토문제, 정치문제…… 요즘 물가도 많이 올라 경제적으로도 불안하고, 정치적·사회적으로도 많이 시끄럽습니다. 어디 하나 좋은 소식이 들리지 않는 것 같습니다. 범죄는 늘어나고, 살기는 점점 힘들어지는 세상입니다.

　이런 세상을 조금은 살기 좋고 조금은 즐겁게 하기 위해 해야 하는 일이 개발이 아니라는 생각이 들었습니다. 개발이라는 명분하에 많은 것이 훼손되는 현실을 보며 참 안타까웠습니다. 우리 것을 잊고 살아가고, 우리 선조들이 뿌려놓은 것을 훼손시키는 것이 너무나도 안타까웠습니다.

　이 글을 쓰기 전 저는 참 많은 생각을 했습니다. 우리 아이가 살아가는 미래가 너무 어두웠기 때문입니다. 우리 아이는 치열한 경쟁 속에 살아야 할 것이고, 정이 없는 사회에서 많은 스트레스를 받으며 살아갈 것이기 때문입니다. 그래서 솔직히 이민도 생각해 보았습니다. 이민을 가면 우리야 힘들겠지만 우리 아이는 조금 편하게 생활하고 조금 여유롭지 않을까 하는 생각이 들었습니다.

　가끔 뉴스를 보면 언제 전쟁이 터질지 모를 것처럼 분위기를 몰아가기도 하고, '이러다 전쟁 나는 것 아니야?' 생각해 본 적이 한두 번

이 아닙니다. 또 먼 미래로 본다면 더욱 답답하기만 한 현실이 싫었습니다. 그래서 이민을 생각하고 살기 좋은 나라를 생각해 보게 되었습니다. '그래. 정 안되면 이민 가자!' 생각을 하고 살다가 문득 '이민 가고 싶은 나라는 어떤 나라지? 우리나라가 이민 오고 싶은 나라가 되면 좋겠다'란 생각이 들었습니다.

우리 아이들이 태어난 곳에서 즐겁게 살아갔으면 좋겠다는 생각입니다. 우리나라 아이들이 세계를 이끌어나갈 수 있었으면 좋겠다는 바람입니다. 그래서 더욱 당당한 나라가 되었으면 좋겠단 생각이 들었습니다.

그러려면 어떻게 해야 할까? 아이를 어떻게 키워야 할까? 매일 밤 잠들기 전 곰곰이 고민에 고민을 거듭하였습니다. 그리고 고민 끝에 내린 결론은 역사를 바르게 알고 잘못된 역사를 되풀이하지 않도록 노력하는 것이었습니다. 예를 중시하여 배려하는 사람으로 상대방을 이해할 줄 아는, 더불어 살아갈 수 있는 인재로 키울 수 있도록 교육해야 하는 것이었습니다. 그러고 나니 혼자서 한다고 나라가 바뀌지 않는다는 생각에 다다랐습니다. 우리가 함께하여야 이룩할 수 있다는 결론을 내렸습니다. 그래서 이 땅의 엄마들이 손잡고 해나가야 한다고 생각하였습니다.

정치적 · 경제적 전문가가 아닌 이 땅의 엄마들이 자녀를 바르게 키운다면, 앞으로 우리에게 펼쳐질 미래에는 정치도 바로서고 경제도 안정된 사회가 될 것입니다. 그래서 나와 내 아이부터 시작하지만 모두 함께 하고 싶은 마음에, 우리 아이가 살아가는 미래가 행복했으면 하는 마음에 이 책을 쓰게 되었습니다.

이 글을 쓰기까지 많은 힘을 준 사랑하는 남편과 부모님, 친구들, 돌아가신 할머니 모두에게 사랑한다는 말을, 감사하다는 말을 전하고 싶습니다. 이 땅에 '희망'이란 단어가, '행복'이란 단어가 넘쳐나는 세상이 되었으면 좋겠습니다. 아이들이 자라서 즐겁게 일하고 정이 넘쳐나는 세상이 되었으면 좋겠습니다. 아이들 하나하나가 자신이 가진 재량을 마음껏 발휘하는 나라가 되었으면 좋겠습니다. 그러기 위해 엄마들의 힘을 보여주시기 바랍니다. 지금부터 우리 모두가 함께 시작합시다. 부모님의 힘! 엄마들의 힘! 맘'S 파워를 보여주시기 바랍니다.

2012. 7. 3